JN410158

물 한 방울 큰 바다에

김만권 지음

| 머 리 말 |

큰 바다에 물 한 방울

1969년 1월 고향인 경남 의령군 칠곡면사무소 면서기로 출발하여 2009년 6월 국무총리실에서 공직 생활을 끝맺게 되었다. 아무리 세월은 유수와 같다지만 40여 년간의 세월이 참 빠르기도 하다.

미국의 등반가 그레그 모텐슨이 히말라야 산골 마을에서 차 세 잔을 마시고 가족이 되어 78개의 학교를 세운 이야기를 쓴 책 ≪세 잔의 차≫에 이런 말이 나온다. "우리가 하려는 일은 큰 바다의 물 한 방울일지 모른다. 그러나 작은 물방울이 모여 개울을 만들고 강을 만들고 바다를 만들 줄 믿습니다." 필자가 하고 싶은 말을 너무나 잘 표현한 것 같다.

그동안 국민 편의를 증대하기 위해 여가를 틈틈이 활용했다. 문제의 해결을 위해 밤늦게까지 골몰한 날도 부지기수다. 필자를 움직이고 고민하게 만든 그 작은 열정을 위해서라도 그간 걸어온 공직 생활의 발자취와 공무원 제안, 국민 제안, 투고, 그리고 연수와 여행 소감 등을 정리해 두고 싶었다.

스스럼없이 펼친 푸념을 정리하는 일이지만, 국민편의제도개선을 위해 애를 썼던 발자취가 부디 누군가에게 조그만 의미라도 되었으면 한다. 이런저런 제안이 목표한 만큼 성과를 얻지 못한 것은 필자의 능력 때문이었다. 그러나 언젠가는 더 나은 세상을 위한 제도 개선에 밑거름이 되리라 믿고 싶다.

'구슬이 서 말이라도 꿰어야 보배'라고 하지 않는가. 머리를 스치는 아이디어도 메모해 두었다가 이를 제도화하는 일은 공직자의 소임이자 보람이라고 생각한다. 국민 편의를 위한 노력은 기존 제도를 바꿔야 하는 만큼 힘들고 어려운 과제이다. 물론 일부 내용은 거칠고 이상적이어서 현실에 맞지 않거나, 당시와 현 상황이 많이 달라 얼토당토 않는 부분도 있다. 국민 편의를 위한 소박한 노력과 상상으로 여겨 주시면 좋겠다.

이 책에 실린 글들은 대부분 예전에 쓰여 졌다. 세월이 흐르고 정부가 바뀌면서 기관이나 부처의 명칭이 많이 바뀌었다. 그러나 당시의 상황을 떠올리기 쉽다는 순전히 개인적인 이유로 예전의 명칭을 그대로 사용하였다. 독자들의 이해를 바란다.

| 차 례 |

국민 편의를 위한 큰 제안

끊이지 않는 제안들

40년 공직생활과 제안에 관한 생각들

I

국민 편의를 위한 큰 제안

"필자가 이런 과감한 제안을 할 수 있었던 이유는
과거 면사무소 호병계에서 근무하면서
신원증명 발급 업무 경험을 가진 면서기
출신이었기 때문일 것이다.
면사무소에서의 경험을 바탕으로 제도개선에
힘을 쏟아부었고, 결국 내 생애 최대의 성취감을
느낄 수 있었다."
-16쪽 본문 중에서

의견이 반영돼 자긍심을 느낀 제안

신원증명 발급 제도 폐지

1991년 5월 총무처에 1차 제안

1991년 12월 채택

1993년 3월 행정쇄신위원회에 2차 제안

1994년 1월 시행

⊙ 취업을 하려면 누구나 신원증명을 제출해야 합니까

신원증명제도 폐지

정부·임시국회서 法개정

公·私職 서류제출·조회 없애

保安업무·入營등 일부만 예외

〈세계일보〉 1993. 6. 14

과거 취업문을 나섰던 사람이라면 누구나 회사로부터 '신원증명' 제출을 요구받았을 것이다. 그 달갑잖은 신원증명을 발급받기 위해서는 본적지 읍 · 면사무소까지 직접 찾아가거나, 고향에 살고 있는 친지들에게 부탁해야 했다. 워낙 제출을 요구하는 곳이 많다 보니 발급 건수도 적지 않았다. 1991년도에는 전국적으로 3,748천 건에 5,423천 통, 1992년도에는 3,820천 건에 5,685천 통이 발급되었다.

서울과 같은 대도시에는 민원실에 신원증명 발급 창구가 별도로 운영될 정도였다.

◉ 법적 근거가 미비한 상태에서 발급되는 신원증명 제도

주민등록법시행규칙에 발급 근거를 두고 있는 주민등록등 · 초본과는 달리, 신원증명은 발급 근거가 미비한 상태였다. 당시 신원증명의 발급 근거는 내무부의 '신원증명 발급 업무 지침'이라는 내부 지침이었다. 또한 고용자인 기업체 등에서는 법률에서 정한 요건과 관계없이 관행적으로 신원증명을 요구하고 있었다. 이는 인권을 침해할 우려는 물론 국민 불편을 초래하고 전과자의 사회 복귀와 신용 사회 정착의 저해 요인으로 대두되었다.

◉ 붐비는 민원 창구 대부분 '특이 사항이 없음'으로 발급

필자가 내무부에서 정부합동민원실에 파견되어 근무할 때였다. 어느 날 민원 지도 방문차 용산구청을 들렀는데, 그날따라 유난히 신원증명 창구가 아주머니들로 붐비고 있었다. 구청 직원에게 물어보니, 보험회사 외판원의 경우 6개월마다 신원증명을 요구하고 있어 이런 현상이 빚어진단다. 신원증명 발급의 유효 기간은 6개월이었다. 회사의 입장에서는 보험 가입자의 불안을 해소하기 위해서라도 유효 기간이 만료될 때마다 새로운 신원증명을 요구할 수밖에 없었던 것이다.

용산구청은 폭주하는 민원을 해결하기 위하여 전국에서 처음으로 '신

원증명 전산 발급 시스템'을 도입하고 있었다. 신속하게 신원증명을 발급하게 된 점은 분명 전국에 파급할 필요성이 있는 우수 사례였다.

그러나 필자가 주목한 점은 그날 신원증명 발급을 받는 사람은 대부분 '특이 사항 없음'으로 발급되고 있었다는 것이다. 1991년 1월 1일부터 1991년 10월 31까지 용산구청 신원증명 발급 건수 및 특이자 현황을 파악해 보았다. 총 발급 건수 31,465건에 특이자는 171건으로 0.54%밖에 되지 않았다. 발급 통수 기준으로 비율을 내 보아도 총 발급 통수 46,599통에 특이자 243통으로 0.52%였다. 그러니 99.5%가 특이 사항이 없는데도 연간 수만 통의 민원이 발급되고 전산 처리 시스템까지 도입되는 현실에 의문이 생겼다.

⊙ 99.5%가 '특이 사항 없음' 민원은 폐지되어야

용산구청 민원 지도 방문 결과를 보고하면서 '신원증명 전산 발급 시스템'의 우수성을 인정했다. 하지만 필자가 할 일은 거기서 끝이 아니었다. 내무부 행정과 출신의 파견 공무원으로서 자긍심을 살려 신원증명 발급 제도 개선에 달려들었다.

먼저 전국의 신원증명 발급 실태를 파악하는 게 순서였다. 하지만 전국을 단위로 조사를 하기에는 시간이 많이 걸려서 몇 군데 표본 집단을 선정했다. 8개 시 18개 구청의 발급 실태를 파악한 결과 용산구의 상황과 비슷했다. 99.5% 정도가 특이 사항 없음으로 발급되고 있었던 것이다. 객관적 데이터를 확보한 나는 제도 개선에 박차를 가했다.

신원증명 발급 제도 폐지

동 제안은 1991년 12월 24일 공무원 제안상 노력상(총무처장관상)을 수상한 뒤에도 제도 도입에 별 진전이 없다가, 1993년 문민정부 출범을 계기로 정무1장관실에서 행정쇄신위원회에 제출하고 그 필요성을 적극 검토하여 3년여 만인 1994년 1월 1일부터 시행된 제도다.

■ 제안 검토 배경

- (제안 당시) 대한민국 성인이면 누구나 한번 겪게 되는 '신원증명'제출 요구가 달갑지 않음은 물론, 불편을 느낀 적이 있을 것이다.
- 시 · 구청 민원실에는 민원실이 협소하면서도 신원증명 발급 창구가 별도 설치되어 있으며, 읍 · 면사무소에서는 호병계에서 해당 업무를 보고 있다.
- 제안인이 내무부에서 정부합동민원실에 파견 근무할 당시 용산구청에 민원 업무 지도차 방문한 적이 있었다. 그때 민원실의 신원증명창구에 사람이 북적이고 있어 그 사유를 물어보니, 보험회사 외판원의 경우 6개월마다 회사에 신원증명을 제출해야 한다고 하였다. 이 상황에서 과연 이 제도가 필요한 것인지 의문을 갖게 되었다.
- '호적에 붉은 줄이 그어졌다.'는 말이 있다. 이는 불신 풍조의 요인이 되기도 하며, 시 · 구 · 읍 · 면의 경우 신원증명의 보안성이 매우 약하여 인권보호 차원에도 문제점이 있다.
- 원칙적으로 신원증명 제도가 없어져야 한다. 부득이 산업 평화 정착 등의 필요로 동 제도 운영이 불가피하다면, 현행 신원증명 발급 제도를 폐지하고 여러 명을 고용할 경우 고용주가 경찰관서에 조회하여 행하는 방법으로 개선하면 좋겠다.

■ **제안 내용 설명**

– 제안인이 확인한 바에 의하면 1991년 1월부터 10월 말까지 발급된 신원증명 발급 및 특이자 현황을 보면,

- 서울시 강남 · 용산 · 도봉구 3개 구의 경우 총 발급 건수 59,066건 중 신원 특이자는 510건으로 0.9%에 불과(특이자 비율: 강남구 0.07%, 용산구 0.54%, 도봉구 1.71%)
- 부산시 진구 · 북구 2개 구의 경우 총 발급 건수 28,309건 중 신원특이자는 156건으로 0.55%밖에 안 됨
- 특히 1%미만의 특이자도 그 내용은 교통 법규 위반,향토예비군법 위반 등 경미한 벌금이 대부분임

증명 발급의 법적 근거도 없이 내무부 예규인 '신원증명발급지침'에 의거하여 발급되고 있어 많은 민원인에게 심적 경제적 부담을 지우는 제도다.

◉ 지방화 시대 국가 위임 사무 감축에도 어긋나

신원증명 발급은 국가 사무이며, 소관 사무와 직접적인 관련이 있는 일선 경찰관서가 있음에도 시 · 구 · 읍 · 면의 증명 발급에 의존하는 것은 지방화 시대에 따른 국가 위임 사무 감축에도 어긋난다.

신원증명 발급 지침인 내무부 예규에는 그 목적을 "민 · 형사 처리 사항의 엄정한 기록 관리와 신원증명의 신속 정확한 발급으로 국민 생활의 편익을 도모하고 신뢰 증진에 기여한다."라고 설명하고 있다. 하지만 동 제도의 현실은 기록 관리의 실효 및 국민 불편과 불이익을 초래함으로써 그 목적과도 배치되고 있었다.

◉ 뒤늦게 당선무효가 되는 지방의회 의원 선거 사례

당시의 신원증명 발급의 처리 절차는 이러했다. 먼저 '형의실효에관한법률'에 의거, 법원이나 경찰청 등에서 '수형인 명표(수사 자료에 포함된 내용)'를 전국의 1,563개소의 본적지 시 · 구 · 읍 · 면에 우편으로 송부한다. 본적지 시 · 구 · 읍 · 면에서는 수작업으로 '수형인 명부'를 관리하면서 민원인의 요구에 의해 발급을 했다. 그러나 검찰청 등에서는 따로 '수사자료표'를 치안본부(현 경찰청)에 송부하고 이를 전산 관리하여 신원 조회, 수사, 대공 업무 등에 활용하고 있었다.

업무의 이원화 말고도 문제점은 또 있었다. 수형인 명부의 우편 송부와 수형인 명부 관리에 6개월 정도의 기간이 소요되어 정작 특이 사항이 있는 사람도 증명 발급 당시에는 '특이 사항 없음'으로 발급되는 경우도 있었다. 한 지방의회 의원은 후보 등록 시에는 아무런 하자가 없다가 이후 경찰 조회에서 신원 특이자로 나타나 당선이 무효화되는 어처구니없는 일이 발생하기도 했다.

정리해 보면, 당시 신원증명 발급은 전산 조회로 가능한 업무를 수작업으로 관리함으로써 착오 발급, 실효성 등에 문제가 있었고, 일선 행정기관의 업무량 증가로 인한 행정력의 낭비가 발생했다.

◉ 기관 간 협조가 이뤄지지 않아 실현은 미뤄지고

신원증명 발급 제도 개선의 기대 효과는 컸다. 우선 한 통에 300원인 민원 발급 수수료만 해도 연간 300만 통이면 9억 원이 절약된다. 거기에 민원인 대기 비용, 교통비, 우편 요금 등을 포함해 통당 1,500원을 잡으면 45억 원의 부담이 줄어드니 국민 부담 경감에도 도움이 된다. 또한 검찰청 등의 인건비와 행정 전산화 구축에 드는 금액은 차치하고서라도 신원증명 창구 운영에 따른 행정 비용과 관련 공무원의 인건비 등 연간 104억 원(인건비 94억 원, 통보 비용 6억 원, 기타 비용 4억 원)의 행정 예산 절감 효과를 기대할 수 있다.

수형 사실을 적기에 전산 관리하고 경찰관서의 신원 조회 시스템이 다량 신속 조회 체제를 갖춤으로써 수형 사실의 신속한 대조와 전문성을 제고시킨다. 또 본적지 시 · 구 · 읍 · 면 창구의 신원증명 발급 폐지로 개인정보 유출로 인한 인권 침해 요소를 막을 수 있는 제도로 발전할 수 있다.

사회적으로도 신원증명이나 조회 없이 서로 믿고 고용하는 문화가 싹트게 된다. 전과자의 갱생 보호 차원에서 고용주가 자체 갱생 보호 위원회를 구성하는 등 정상적인 사회 복귀를 위해 노력함이 바람직하나, 산업 평화 정착 등의 필요로 신원증명 제도가 불가피한 현실이라면 고용 대상자의 불편이 최소화되도록 정당한 절차에 의해 신원관리제도가 마련되어져야 할 것이다.

그런데도 제도 도입과 관련해서 주관 부처인 내무부(신원증명 발급 업무 지침)와 민원 주관처인 총무처(민원 행정 사무 처리 지침), 법무부(형의 실효에 관한 법률)의 의견은 조심스러웠다. 제도의 개선이 필요하다는 데에는 동감하나, 시행에 총대를 메야 하는 경찰의 입장에서는 현행 일선 경찰관서의 인력 및 장비 보강이 필요하다는 입장이었다. 또 신원 조회 요원의 전문화와 증원 등의 사유를 들어 제도 개선에 어려움을 제기해 제도 도입이 난관에 부딪치게 되었다.

◉ 4년 반 만에 빛을 보게 되다

필자는 1991년 '신원증명 발급 제도 폐지'라는 공무원 제안을 제출하여 그해 12월에 공무원 제안상인 노력상(총무처장관상)을 수상했다. 그러나 그 뒤에도 신원증명 발급 제도가 개선되지 않는 것이 늘 마음에 걸렸다. 그러던 중 1993년 문민정부 출범과 함께 '행정쇄신위원회'가 발족되었다. 필자는 2년간 추가적으로 수집한 자료를 바탕으로 1991년의 제안을 보다 현실적으로 보완하여 당시 근무하고 있던 정무1장관실의 행정쇄신 과제 1번으로 제출하였다.

제도의 개선과 시행은 이를 관철시키려는 기관의 의지가 중요하다. 예전에 협조가 잘 안되던 기관들도 행정쇄신위원회의 노력에 적극 동참함으로써 동 제도 개선이 1994년 1월부터 시행되었다. 필자가 공직자로서의 무한한 자긍심을 갖게 되었음은 물론이다. 조그마한 관심과 노력으로 연간 380만 건, 560만 통의 민원이 사라지게 되었으니 얼마나 가슴 뿌듯한가.

필자가 이런 과감한 제안을 할 수 있었던 이유는 과거 면사무소 호병계에서 근무하면서 신원증명 발급 업무 경험을 가진 면서기 출신이었기 때문일 것이다. 면사무소에서의 경험을 바탕으로 제도개선에 힘을 쏟아부었고, 결국 내 생애 최대의 성취감을 느낄 수 있었다. 이것은 내가 국민편의시책 발굴에 더욱 매진하게 되는 커다란 계기가 되었다.

새마을호 영등포역 정차 운행

1993년 5월 행정쇄신위원회에 제안

1993년 12월 채택

◉ 여기 잠깐만 정차하면 안 되나요

늦은 밤 상행 열차를 타고 와서 서울역에 내려 본 사람이라면 역 앞 정류장의 혼잡함을 경험해 봤을 것이다. 버스 정류장과 지하철 역, 택시 승강장을 막론하고 줄이 길게 늘어섰다. 긴 여정에 피곤해진 몸을 쉬러 가는 길은 결코 만만하지 않았다. 특히나 한강 이남 지역으로 가야 하는 사람은 고생이 이만저만이 아니었다.

1993년 당시 서울역 야간열차 도착 시간은 경부선이 20시 10분, 호남선이 21시 15분, 전라선이 22시 39분이었다. 서울의 지형이 한강을 중심으로 남과 북으로 나뉘어져 있어 서울역에서 한강 이남을 가려면 부득이 한강을 건너야 한다. 숫자가 한정돼 있는 한강 다리로 차들이 몰려 야간에 교통 체증까지 나타났다.

이런 상황에서 새마을호 상 · 하행선이 모두 서울역에만 운행된다는 것은 고객의 편의를 도외시한 일로 여겨졌다. 추가로 물어야 하는 대중교통 요금은 접어두고서라도 이 때문에 교통 체증까지 생기니 도저히 이해할 수 없는 일이었다.

⊙ 철도 사정이나 제대로 알고 제안을 내느냐고 핀잔

필자 생각에 이 문제의 해결책은 간단했다. 새마을호 열차가 한강 이남에 있는 영등포역에 정차를 하면 문제가 없지 않은가? 필자는 행정쇄신위원회에 새마을호 열차의 영등포역 정차에 대한 제안을 했다. 하지만 철도청의 업무 담당자로부터 "제안을 하려면 현재의 철도 사정이나 제대로 파악하고 하라."는 전화가 걸려 왔다. 무슨 사정이냐고 물어보았다. 이유인즉 "지금 서울역과 영등포역 사이, 특히 서울역과 용산역 사이의 철로가 노후화되어 고속열차가 갑작스레 감속 운행을 하게 되면 철로의 마손磨損이 심화된다. 또한 감속 운행에 따른 시간 지연 때문에 노선 배정이 어려워져 다른 열차 운행에 지장을 초래한다."는 것이었다.

나는 어안이 벙벙했다. "그것은 철도청 내부 사정이지 않느냐. 영등포역에 정차하면 30분이면 집에 갈 수 있는데 비싼 요금을 물어 가며 1시간이나 더 걸려 밤늦게 들어가야 하는 고객들과 입장을 바꿔 생각해 보라."고 응대했더니 묵묵부답이었다.

⊙ 철도 수입 측면에서도 영등포역 정차 운행이 좋다

철도청도 국가 행정 기관이다. 고객인 국민을 위한 사업과 행정을 펼쳐야 함은 물론이다. 얼핏 생각해 봐도 한강 이남과 이북의 승객 수요는 비슷한 수준일 것이다. 그런데도 새마을호가 영등포역에 정차하지 않기 때문에 한강 이남의 승객은 다른 교통편을 이용하거나 부득이 서울역까지 와서 열차를 이용해야 하는 불편을 감수하고 있었던 것이다.

유동 인구나 열차 이용객 수로 볼 때 서울과 수도권 거주자 중 영등포역에서 새마을호를 이용할 고객은 결코 만만치 않은 수입임은 분명했다. 새마을호의 영등포역 정차는 고객의 편의뿐만 아니라 철도청의 경영합리화 차원에서도 당연히 검토해야 할 사안이었다. 이런저런 사정 때문에 모든 새마을호 열차의 영등포역 정차 운행이 어렵다면, 야간 열차만이라도 도입해야 한다는 것이 필자의 제안이었다.

참고로 서울보다 인구가 적은 부산의 경우에도 구포역에서 새마을호 상하행선이 모두 정차하고 있었다.

필자는 1993년 문민정부 출범과 동시 설립된 행정쇄신위원회에 이 제안을 제출했다. 타당성과 효율성 검토 끝에 이 제안은 받아들여졌다. 1994년 1월 1일부터 일부 새마을호 열차가 영등포역에 정차하기 시작했고, 철도 운영 개선과 함께 장기적으로 확대 적용하기로 했다.

주민등록증 재발급 신청시 지 · 파출소 경유 제도 폐지

1993년 3월 행정쇄신위원회에 제안

1994년 1월 시행

⊙ 찾기 힘든 쌍문1동파출소, 1시간을 기다려서야

개인적인 실수로 주민등록증을 잃어버린 적이 있었다. 직장 근무시간에 틈을 내 주민등록증 재발급을 받으러 쌍문동 동사무소에 갔는데, 주민등록증 분실 신고는 관할 지 · 파출소를 경유해야 한다는 것이었다. 동사무소 직원의 안내대로 평소 알고 있는 파출소로 갔다. 그런데 필자의 집 관할은 쌍문2동파출소가 아니고 쌍문1동파출소란다. 다시 발걸음을 돌리고 길을 물어 겨우 찾아간 쌍문2동파출소. 이번에는 담당 직원이 급한 용무로 자리를 비우고 없었다. 결국 1시간 남짓 더 기다리니 파출소 담당 직원이 돌아와 명부에 몇 자 기재하고 분실 신고서에 막도장을 찍어 준다. 난 서류를 들고 다시 동사무소로 돌아와 분실신고서를 제출했다.

⊙ 파출소 경유, 명분은 좋지만 실효성이 적다

주민등록증 분실 신고를 할 때 지 · 파출소를 경유하도록 한 것은 기소 중지자 및 범법자 색출, 주민등록증의 타 목적 사용 여부 등의 확인을 위해서였다. 그러나 형식적이고 간단한 조회 및 분실 경위 등을 문답하기 위해 경유 제도를 둔 것은 아무래도 현실적인 실효성이 적다는 생각이 들었다. 또한 분실 신고자 자신이 기소 중지자이거나 범법자인 경우는 아예 분실 신고를 기피하게 되어 주민등록증 소지 의무 규정을 어기게 되는 사례도 많았다.

⊙ 동사무소는 업무가 늘어나지만 국민 편의를 위해서라면

당시의 주민등록증 재발급 절차를 보면, 분실 신고를 한 뒤 새 주민등록증을 받기까지 제법 오랜 기간이 걸린다. 동사무소에서 분실 신고서를 접수한 뒤, 그 기간을 이용하여 지 · 파출소에서 필요한 정보를 확인한다면 어떨까? 범법자 색출 등은 얼마든지 가능할 것이다. 물론 이전보다 동사무소의 업무는 하나가 더 늘어나지만, 민원인은 불필요하게 몇 군데를 왕복하지 않아도 되니 훨씬 편해진다.

필자는 이러한 내용을 담은 제안을 행정쇄신위원회에 제출했고, 1994년 1월 1일부터 시행되었다.

■ 주민등록증 분실 재발급의 절차

- 분실 신고(분실 후 7일 이내) → 접수 → 재발급(신고 후 7일 이후 30일 이내)
- 주민등록증 비닐 접착 등을 감안하면 3-7일 정도 추가 소요

■ 주민등록증 분실 신고 절차 개선

- 관할 지 · 파출소 경유 제도 폐지, 동사무소 신고 절차 간소화

신용카드 가맹점 수수료 회원 전가 금지 제도

1993년 5월 행정쇄신위원회에 제안

1994년 1월 신용카드업법 개정

◉ 신용카드 사용은 증가 일로에 있는데

1990년대 초반, 신용카드 사용은 증가일로에 있었다. 당시 선진국에서는 성인 1인당 5~6장, 일본은 1인당 2장의 신용카드를 보유하고 있었지만, 우리나라의 경우에는 4명당 1장 꼴이었다. 하지만 신용카드 회원은 매년 증가했고, 연간 이용액도 1991년 연간 12조원에서 1992년에는 연간 15조원으로 늘어났다.

◉ 가맹점 수수료를 소비자에게 전가시키는 관행은 제도적으로 막아야

신용카드 가맹점은 판매액의 1.5~5%의 수수료를 신용카드사에 납부토록 되어 있다. 그러나 당시의 가맹점들은 이를 소비자에게 전가시키는 경우가 많았다. 소비자가 부담을 거부할 경우 신용카드 결제를 거부하거나 현금 구매자와 차별 대우하는 사례가 있어 소비자의 불평이 늘어나고 있었다.

가맹점 수수료를 소비자인 회원에게 전가할 경우에는 가맹점 약관에 따라 1년 이상 가맹점 계약을 해지토록 규정하고 있었으나, 신용카드 회사들은 이를 위반할 경우 수입 감소를 우려해 사실상 이를 방치하고 있는 실정이었다. 상황이 이렇다 보니 소비자인 카드 회원들은 가맹점

수수료를 자신이 부담하는 것으로 잘못 인식하거나 대수롭지 않게 여기는 경우도 많았다.

필자가 재무부 은행과에 확인한 바에 의하면, 1992년 말 전국의 신용카드 가맹점 약 80만개 중에서 계약 해지를 당한 업소는 한 군데도 없었다. 가맹점의 잘못된 횡포에도 법적인 규제 조항이 없어서 소비자들은 속수무책으로 당하는 상황이었다. 신용카드 가맹점에 벌금 또는 과태료를 부과하고 신용카드 회사의 가맹점 관리 감독 미이행 시 이를 제재하는 규정을 마련하도록 현행법의 개정과 지속적인 단속이 시급했다.

⊙ 신용카드업법 개정 법률안에 반영 시행

필자는 1993년 5월 신용카드 가맹점 수수료를 회원에 전가시키지 못하도록 하는 내용의 제안을 행정쇄신위원회에 제출했다. 그리고 1994년 1월 신용카드 가맹점이 가맹점 수수료를 회원에게 전가하지 못하게 하기 위한 신용카드업법 제15조(신용카드 가맹점의 준수 사항)와 제25조(벌칙) 등이 개정되었다. 개정된 내용의 골자를 살펴보면, 가맹점 수수료를 전가한 가맹점은 처벌할 수 있고, 가맹점이 처벌을 받으면 신용카드 회사로 하여금 가맹점 해약을 해제토록 한다. 이를 위반했을 경우에는 신용카드 회사도 처벌할 수 있게 하였다. 나아가 신용카드 매출전표의 불법 유통을 방지하기 위하여 신용카드 가맹점이 제3자로부터 매출 전표를 양수하는 경우에도 처벌을 받게 되었다.

체납 요금 승계 관련 제도 개선

1993년 10월 행정쇄신위원회에 제안

1994년 1월 제도 개선

◉ 내가 사용하지 않았는데 사용료를 내야 하다니

고생 끝에 내 집 마련에 성공한 회사원 박 씨. 이사를 하고 집 정리를 하며 새 출발을 다짐한지 한 달쯤 지났을 때 날아온 전기 사용료 고지서를 보고 깜짝 놀랐다. 수십만 원에 이르는 몇 달 동안의 체납 독촉장과 압류 경고장까지 들어 있는 것 아닌가 . 전 주인이 체납한 금액이었으나, 그는 연락이 되지 않았다. 해당 기관에 문의를 해 보아도 김 씨가 모두 부담을 해야 한다는 말뿐이었다.

누군가 살던 집을 구입해서 이사를 오거나 세 들어 올 경우, 전에 살던 주인이 사용한 전기 사용료, 도시가스 사용료, 상수도 사용료 등의 체납금은 새 입주자가 가산금과 연체료까지 부담토록 되어 있는 것이 당시의 제도였다. 사용료는 사용에 대한 대가로 사용자가 부담하는 것이 원칙이다. 관련법에도 요금을 승계시켜 부담시켜도 된다는 조항은 없다. 하지만 각 공사와 업체들은 '한국전력요금규정', '도시가스공급규정', '시군구 급수조례' 등의 내부 규칙이나 조례를 근거로 체납 요금을 승계시키고 있었다. 아무리 생각해도 부당한 일이었다.

◉ 징수편의주의 제도는 개선하고 요금은 제때 징수해야

전기 · 가스 · 상수도 · 하수도 사용료는 요금 부과 기관이 제때 적극적인 징수 노력을 하는 것이 옳은 일이었다. 또한 체납된 요금에 대해서는 당시 사용자를 추적하여 부과하는 것이 타당했다.

체납 요금 승계 제도는 기업의 편의를 위해 국민을 희생시키는 대표적인 제도였다. 공사 등이 경영 및 관리 기술상의 미숙함을 선량한 국민에게 전가시키는 결과를 낳고 있었다. 실제로 정부합동민원실 등에도 이와 관련한 민원이 상당수 접수되는 실정이었다.

◉ 제때 고지가 어렵고 징수기술상 부득이한 제도다?

이에 대해 한국전력공사나 가스공사 등은 어쩔 수 없다는 입장이었다. 사용 요금을 제때 부과하기가 어렵고, 사용 후 2개월이 지나야 고지가 되며, 미납할 경우 2개월이 경과되는 시점(사용 후 4개월이 경과된 시점)에서 단전 · 단수 등의 처분이 따르게 되어 부득이한 규정이라는 것이다. 이 민원과 관련해서 한국전력공사 담당자는 "법원의 판결에서도 한전 측이 승소한 사례가 많았다. 하지만 계속해서 민원이 제기되고 있어 제도 개선의 필요성을 느끼고 있다"고 했다.

공기업에서 이런 일로 선의의 국민에게 피해를 주고 있다면 당연히 국민의 편의를 위해 경영 기술 개선이나 구제 노력을 기울여야 한다. 그럼에도 불구하고 해당 기업들은 기업 편의주의적인 자세를 답습하고 있었다.

◉ 체납 요금 승계 제도는 폐지돼야 한다

사용료는 사용자가 부담해야 한다는 논리를 적용시켜 체납액 방지를 위해서는 업종별로 예치금 상한액 규정을 신설하는 등 예치금(보증금) 제도를 도입할 필요성이 있다. 예치금 제도 신설이 국민에게 또 다른 부담을 초래하다는 여론이 있을 수도 있으나, 이는 공청회 등 대국민 홍보를 통해 이해를 구해야 한다.

가스의 경우 가정용이 아닌 상업용 등에는 이미 보증금 제도가 활용되고 있다. 예치금 제도를 신설하려면 사전 준비 기간이 상당히 필요할 것이므로, 제도 개선에 따른 준비도 철저히 해야 한다.

참고로 자동차세의 경우에도 종전에는 체납된 자동차세와 가산금 및 체납 처분비는 당해 자동차 최종 소유자가 납부하도록 납세 승계 의무 조항이 있었다. 하지만 이에 대한 민원이 많이 제기되어 필자가 1993년 10월 행정쇄신위원회에 제도 개선안을 세출했고, 1994년 1월 1일부터 해당 제도가 폐지되었다.

◉ 상수도 체납 요금 승계 관련 제도는 다음 과제로

한국전력공사는 1994년 1월 1일부터 체납 요금 승계 제도를 폐지했다. 그러나 내무부는 현행 상수도 요금은 부과 금액이 너무 적고 부과 건수가 많을 뿐 아니라, 가뜩이나 어려운 지방자치단체의 재정 수입에 영향을 초래할 우려가 있다는 이유로 개선이 어렵다는 의견이었다. 지금도 부산광역시의 경우 현행 수도급수조례 제26조(권리 · 의무의 승계) 등의 규정에 의거 체납 요금 승계 제도는 개선되지 않고 있다.

고속도로 LPG 충전소 설치

> 1993년 5월 행정쇄신위원회에 제안
>
> 1993년 10월 설치 시작

⊙ LPG 차량도 고속도로를 안심하고 달릴 수 있어야

현재 고속도로 휴게소에는 주유소와 LPG 충전소가 고루 분포되어 있다. 하지만 1993년 당시 전국의 고속도로 휴게소에는 59개의 주유소가 영업하고 있을 뿐 LPG 충전소는 한 군데도 없었다. 때문에 LPG를 사용하는 택시나 렌터카의 경우, 운행 도중 가스가 떨어지면 인근 도시의 LPG 충전소까지 차를 견인해 가야만 했다. 당시 전국의 LPG 차량은 14,000여 대였고, 그 숫자는 매년 급속히 증가하고 있는 추세였다.

⊙ LPG 충전소의 조속한 설치 필요

고속도로 상 · 하행선에 일정 수의 LPG 충전소 설치가 필요했다. 필자는 행정쇄신위원회에 빠른 시일 내에 부지를 물색하여 설치하고 시험 실시 후 점차 확대해 나가도록 제도화할 것을 제안했다. 이 제안이 받아들여져 1993년 10월까지 우선 2~3개의 부지를 물색하여 LPG 충전소를 설치하도록 했다. 또한 앞으로 신설되는 고속도로에는 주유소와 함께 LPG 충전소도 설치하는 것을 검토하게 되었다. 최근에는 고속도로에 LPG 충전소가 군데군데 설치되어 LPG 차량 이용자들의 불편이 사라진 광경을 보면 흐뭇한 마음이 든다.

정부 기관 법인카드 과실금의 세입원화
–정부 구매 카드제 도입

2002년 3월 재정경제부에 제안

2002년 6월 재정경제부 우수 제안으로 채택

2002년 12월 중앙제안 채택(동상 수상)

2003년 1월 제도 개선

⊙ 개인이 캐쉬백 받으면 법인도 받아야

많은 신용카드 회사들이 포인트나 캐시백 제도를 운용 중이다. 결제한 금액에 따라 현금처럼 쓸 수 있는 포인트를 적립해 주거나 일정 금액을 감면해 주는 제도다. 개인 카드의 경우에는 이 제도가 잘 정착되어 포인트 혜택을 보고 카드를 고르기도 한다.

그러나 2002년 당시 정부 기관 등의 법인 카드는 이런 혜택을 받지 못했다. 개인 카드보다 결제 금액이 적지 않은 법인 카드에 혜택을 주지 않는 점은 이해할 수 없었다. 정부 기관은 결제액이 매년 수천억 원에 이르고, 결제에 따른 손실도 없는 우량 고객이다. 때문에 오히려 카드사로부터 더 많은 혜택을 받아야 당연한 것이었다.

일부 지방자치단체에서는 단체와 소속 직원들의 카드를 합쳐서 카드사와 '공익형 제휴 카드'를 발급하고 있기도 했다. 이 카드는 개인적인 혜택과는 별도로 자치단체의 복지 기금 등을 조성하는 것이었으나, 그 성과는 극히 적었다.

필자의 생각으로는 법인 카드도 결제액의 일정액을 세입원화하거나 복지 기금 등으로 조성되어야 했다.

◉ '상록카드'란 명칭이 괜찮은 것 같은데

정부 기관 등의 법인카드에 의해 발생할 수 있는 과실금에 대해서는 어떤 방식으로든지 투명하게 활용되어야 한다. 그 방법으로는 국고 세입원화, 기관별 복지 기금 조성, 공무원연금관리공단의 복지 기금 조성 등의 방법이 있다. 일부 기관에서 시범 실시 후 문제점을 보완하여 확대 실시하는 방향으로 추진되면 시행착오가 줄어들 것이다. 차제에 사기업의 법인카드와 구별하기 위해 가칭 '상록카드'로 카드 명칭을 변경하는 것도 함께 건의했다. 이 이름은 심훈의 소설 〈상록수〉가 농촌계몽운동을 상징하기 때문에 공무원 관련 시설을 상록회관 등으로 표기하고 있는 데서 따온 것이었다.

◉ 카드 회사가 공무원 해외 연수를 보내 준다고?

정부구매카드제가 실시될 때까지 정부 기관들이 카드 회사로부터 일절 혜택을 받지 않은 것은 아니었다. 카드 회사에 문의한 결과, 매년 정부 기관에 고객 감사 행사로 카드 결제액의 수준에 따라 해외 연수 프로그램을 실시해 왔다고 한다. 지금까지 예산 부담 없이 공무 출장으로 상당수의 직원들이 해외를 다녀왔다며 2002년에도 종전대로 공무 출장을 하는 게 좋겠다는 답변이었다. 알아보니 기관당 2~3명의 연수 실시 인원이 통보되었고, 주로 카드 업무와 관련 있는 총무과 직원 위주로 선발되고 있었다.

아무리 생각해도 이건 공무 출장은 아니었다. 공무원이 국외 출장을 가려면 자체적으로 공무국외출장심의위원회의 심의를 거쳐야 한다. 하지만 카드 회사에서 공무원에게 베푸는 이런 호의적인 연수 프로그램은 비공식적인 것이었다. 이런 말썽의 소지가 있는 불합리한 관행을 시정하는 차원에서도 제도의 개선이 시급하다고 생각했다. 직원들에게 주어지는 모처럼의 해외연수 기회에 대해 문제를 제기하는 것은 너무 인색한 일이 아닌가 생각도 들었지만, 옳지 않은 일은 바로잡아야 했다.

⊙ 소기의 성과금을 불우 이웃 돕기 성금으로 기탁한 사례

2002년 6월 필자의 이러한 제안은 재정경제부장관으로부터 우수 제안으로 채택되었다. 필자는 정부종합청사 입주 기관인 국무조정실과 교육부 법제처 등의 총무과에 시범 사업에 동참할 것을 요청하였으나 협조를 받지 못해 국무총리비서실에서만 시범 사업을 하게 되었다. 큰 성과는 얻지 못했으나 시행상의 많은 착안점과 제도 개선의 가능성을 확신했다. BC카드사와 국무총리비서실, 농협정부청사지점 간에 약정서를 체결하고 결제액의 일정액을 과실금으로 납부토록 했다. 1년 정도의 기간이 지난 뒤에 그동안 거둔 과실금 150여만 원은 모 신문사의 불우 이웃 돕기 성금으로 기탁했다.

카드 회사의 입장에서는 결제액의 과다에 비례해서 캐시백의 비율을 달리 적용하여 차등 지급하는 시스템이어서 정부 기관이 약정할 경우에는 상당한 과실금이 생길 수도 있다는 점을 알게 되었다.

⊙ 정부구매카드를 잡아라 – 카드사 간 경쟁

2003년부터 정부구매카드 제도가 도입되자 시중의 카드 회사에서는 정부구매카드 고객 확보에 비상이 걸렸다. 카드사를 선정하는 일은 해당 기관에게 일임하여 특정 카드사의 특혜 시비를 없앴으며, 일부 기관에서는 부서별로 여러 카드사와 약정을 체결하기도 했다. 카드의 서비스와 혜택에 따라 카드사를 교체하는 기관도 발생했다.

시행 초기에는 '너무 맑은 물에는 고기가 살지 않는다.'며 비공식적인 지원이 없어진 데 대한 일부 직원들의 불만도 있었다. 그러나 이 제도 도입 이후에도 주말 농장 알선, 송금 수수료 면제, 무료 검진 알선 등 고객 유치를 위한 카드 회사들의 활동은 계속되었으며, 자연히 직원들의 불만은 줄어들게 되었다.

⊙ 비경제부처 직원으로 처음 받는 예산 성과금 수령

정부 기관 법인카드 과실금의 세입원화 제안은 기획예산처의 2004년도 예산 성과금 사례집의 가장 첫 부분에 돋보이는 모범 사례로 소개되었다. 적극적인 자세로 재정경제부에 문제를 제기하여 국고금관리법 등 관련 규정(2002년 12월 30일 개정)에 반영 · 시행함으로써 국고 수입을 증대시켰을 뿐 아니라, 특히 '법인도 개인과 같은 대우를 받아야 한다.'는 평범한 논리를 그냥 지나치지 않고 제도와 연결시켰다는 이유에서다.

'예산 성과금 제도'는 공무원이 창의적인 노력을 통해 예산을 절약하거나 국고 수입을 증대시킨 경우 그 공헌도를 평가해서 성과금을 지급하는 제도다. 필자는 이 제안으로 동 제도의 최대 성과금인 2,100만 원을 수령하였다. 그때까지 예산 성과금 수령자의 대부분이 국세청, 관세청, 재정경제부등 경제 부처나 사업 부처의 공무원이었다. 비경제 부처인 국무총리비서실에서는 처음 받는 예산 성과금이라 그 의미가 훨씬 크다는 격려도 받았다.

◉ 예산의 투명성과 클린 카드 제도의 도입 계기

정부구매카드의 적용 범위 확대로 국고 수입이라는 가시적인 효과와 더불어 카드 예산 집행의 투명성을 증대시키는 부수적인 효과도 발생했다. 사용 내역이 실시간으로 재정경제부와 감사원에 통보되기 때문이다.

또한 이 제도는 정부구매카드의 부당 사용을 제도적으로 막기 위한 클린카드제 도입의 발판이 되었다. 클린 카드제의 도입으로 업무 추진비 집행의 투명성이 높아지는 대신 노래방, 유흥 주점, 골프장 등에 정부구매카드 사용이 원천적으로 불가능하도록 만들었다.

◉ 3년 만에 제도화

이 제안은 2002년 12월에 행정자치부의 중앙 제안에서 동상(대통령상)으로 채택되었다. 뒤이어 2003년 1월부터 국고금관리법 등에 관련 규정이 마련되어 시행되고 있다.

정부 부처와 카드사 간의 약정에 의거, 2004년도에 카드 이용 금액의 1%에 해당하는 14억 원 정도의 국고 수입이 발생했다. 앞으로 정부 투자 기관, 정부 출연 기관, 각종 기금을 사용하는 법인 카드 등에 확대될 경우 국고 수입 증대 효과는 매년 20억 원 이상으로 크게 늘어날 것으로 기대된다. 또한 국가재정정보시스템(NAFIS; 단식부기, 현금주의)을 거쳐 디지털예산회계시스템(복식부기, 발생주의)이 정착되면 지방자치단체에도 동 제도 도입이 검토될 수 있을 것이다.

■ **제안 검토 배경**

- 동 제안은 2002년 6월 7일 재정경제부에서 우수 제안으로 채택되어 국무총리비서실에서 1년 동안 시범적으로 실시(기관수입금화)
- 2002년 12월 27일 행정자치부의 중앙 제안에서 동상(대통령상)으로 채택
- 2003년 1월 국고금관리법 등에 관련 규정이 마련되어 시행되고 있음
- 카드 회사는 카드 이용 금액의 1%에 해당하는 금액을 4월 말일과 10월 말일을 기준일로 매 반기마다 각각 계산하여 기준일 다음 달 15일 이내에 재정경제부 장관이 지정하는 한국은행 계좌에 입금하고 그 계산 근거를 제정경제부 장관에게 제출
- 매년 연간 14억 원의 국고 세입 증대 효과를 가져오고 있음
- 2004년 3월 기획예산처에서 우수 사례로 예산 성과금(2,100만 원) 수령 기획예산처 2004년도 나라살림 14~16쪽 참조)

* 연도별 정부구매카드 세입금액 : '03 →11억 4000만 원, '04 →18억 3400만 원, '05 →19억 9600만 원, '06 →22억 8800만 원

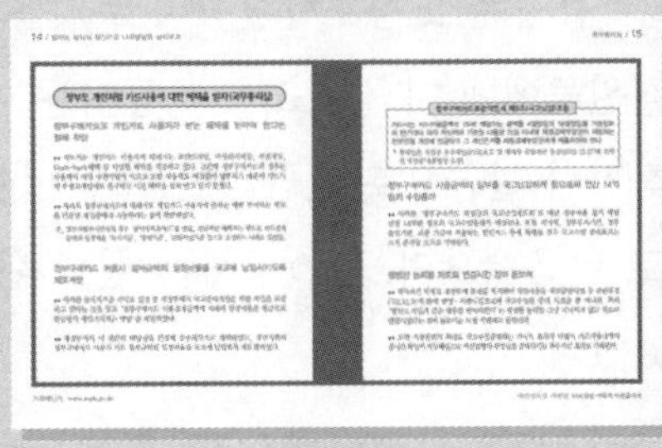

공공 기관 법인 카드 과실금의 해당 기관 수입금화

2007년 1월 국민신문고에 제안

2007년 2월 기획예산처 우수 제안으로 채택

⊙ 정부 부처는 정부 구매 카드를 사용하는데 공공 기관은 왜 안 되나

정부 부처는 2003년 1월부터 국고금관리법에 의해 정부구매카드 제도를 실시하여 예산의 투명성을 확보하고 과실금을 효율성 있게 집행하게 되었다. 하지만 공공기관 법인 카드의 경우 과실금 사용에 대한 통합적인 기준이나 지침이 없어 대부분의 기관이 과실금을 미사용하거나 일부 기관은 노동조합 지원비 등으로 부적절하게 사용해 왔다.

공공기관의 법인 카드 과실금 사용 실태를 보면 그야말로 각양각색이다. ○○공사는 200여 개의 법인 카드를 사용하면서도 마일리지 활용 실적이 전무했고, ○○공단은 적립된 마일리지로 1억 원 상당의 상품권을 구입하여 직원들에게 지급하였으며, ○○공사는 마일리지를 현금으로 환급하여 각 부서별로 균등 배분해 부서 운영비 등으로 사용했다. 또 ○○공사는 노동조합활동비로 사용하고 일부는 상품권으로 교환하여 직원들에게 지급했고, ○○공사는 마일리지에 해당하는 상품권을 신청하거나 현금으로 환급하여 불우 이웃 돕기나 사회 복지 단체 기부 등으로 활용했으며, ○○공사는 현금 환급 후 영업 외 수입으로 처리하고 있었다.

⊙ 공공 기관 경영 지침에 반영 해당 기관의 수입금으로 납입

2007년 4월 1일부터 '공공기관의운영에관한법률'이 시행되었다. 필자는 동 시행령에 '공공 기관 구매 카드 발급'에 대한 발급 근거 마련을 제안하였다. 그러나 모법에서 공공 기관 구매 카드 조항이 없어 시행령에 신설하기는 곤란하다는 답변을 받았다. 그래서 제안은 향후 '공공 기관 경영 지침'에 과실금의 해당 기관 수입금 제도화를 반영하는 방안으로 검토되었다.

아울러 공공 기관도 업무 추진비는 원칙적으로 클린 카드 신용카드를 사용하여 집행하고, 신용카드 사용 범위와 절차 등은 기관 특성을 고려하여 사전에 기준을 마련하도록 했다. 이렇게 하여 정부 기관 구매 카드 실시 후 3년 만에 공공 기관 법인 카드의 과실금도 공정하고 투명하게 집행할 수 있게 되었다.

⊙ 국민의 지탄을 받지 않는 공공 기관으로 거듭나기를

최근 어려운 경제 여건 속에서 공공 기관은 '신의 직장'이라고 불리고 있다. 그 안에서 이루어지는 도덕적 해이(모럴 헤저드)라는 국민의 지탄을 받지 않도록 조그만 것에서부터 새로운 마음가짐을 갖고 신뢰 받는 공기업으로 거듭나기를 바란다.

■ **공공 기관 구매 카드(가칭) 과실금의 해당 기관 수입금화**

- 본 제안은 2007년 1월 3일 기획예산처의 우수 국민 제안으로 채택됨
- 공공 기관 법인 카드에 대해서도 공공 기관 구매 카드(가칭) 제도를 도입하여 카드 결제 금액의 일정액을 해당 기관에 납입하게 만드는 제도임
- 공공 기관의 법인 카드 마일리지 사용에 대한 지침이 없어 공공 기관별로 임의로 사용하거나 아예 미활용하는 등 도덕적 해이 사례가 발생
- '공공기관의운영에관한법률'이 2007년 4월 1일부터 시행됨에 따라 동 시행령에 '공공 기관 구매 카드' 발급 근거를 두고자 함
- 공공 기관 법인 카드의 과실금 사용에 대한 통합적인 기준 지침이 없어 제안 내용대로 제도 개선 필요성이 인정됨
- 다만 제안 내용과 같이 '공공기관의운영에관한법률' 시행령에 공공 기관 구매 카드 조항을 신설하는 것은 곤란
- 향후 '공공 기관 경영 지침'에 동 제안 내용을 반영하는 방안으로 적극 검토

입대 장병 휴대전화 해지 절차 간소화

2006년 3월 병무청에 제안

2006년 6월 병무청 학사 업무 사이트 개설에 반영

⊙ 입대 장병 가족들이 통신사 대리점을 방문하라고?

휴대전화는 현대인에게 없어서는 안 되는 필수품이 된지 오래다. 직장인들에게는 물론이거니와 젊은이들은 휴대전화를 통해 새로운 소통의 공간을 마련하기도 한다. 20대 초반에 입대를 하게 되는 젊은 남성들은 사용하던 휴대전화를 해지해야 하는데, 그 절차가 제법 까다로웠다.

보통의 경우 입대일까지 휴대전화를 사용하다가 입대 후 부모들이 이동통신사 대리점을 방문해 사용 정지 및 해지 신청을 하게 된다. 이때 입영 사실 확인서와 주민등록등본을 제출해야 정상적인 해지가 이뤄지기 때문에 불편한 사항이 한둘이 아니었다. 군 입대자의 50%에만 적용해도 연간 18만 명이 주민등록등본을 발급받아 이동통신사 대리점을 방문하는 셈이었다.

전화 가입 시 부모의 동의를 얻어 가입했고, 주민등록증이나 운전면허증으로 부모라는 신분이 확인되는데도 굳이 입영 사실 확인서와 주민등록등본을 요구할 이유가 없었다. 가입자를 불편하게 하여 휴대전화 해지를 막으려는 의도라고 비난을 받고 있을 정도였다. 또한 해지가 아닌 사용 정지의 경우에는 월 3,500원(24개월 동안 84,000원)의 요금을 내야 하므로 이 또한 부담이었다.

⊙ 이용 약관을 들어 반대하는 통신사

SK텔레콤의 경우 '이동전화 이용 약관' 제17조(일시정지)의 규정을 들어 일시 정지 기간은 1회에 3개월 범위 내에서 연 2회까지 신청이 가능하고 군 입대, 해외 장기 체류 등 회사가 인정하는 정당한 사유가 있을 때는 횟수나 기간의 제한이 없다면서 제도 개선에 너무나 소극적이었다.

2006년 3월 '마케팅인사이트'가 전국 휴대전화 가입자 10만 명을 대상으로 조사한 결과, 고등학생의 87.6%, 20대 초반의 96.9%가 휴대전화를 보유하고 있으니 이들이 주요 고객임은 틀림이 없다.

⊙ 입대 장병 가족의 부담도 덜어 주어야 한다

입대 장병은 본인의 의사와 관계없이 국민의 의무를 다하기 위해 입대하는 것이므로 별도의 입영 사실 확인서나 주민등록등본의 요구 없이 사용 정지 및 해지가 가능하도록 제도화해야 한다. 그래야 고객이 이동통신사 대리점을 방문하는 번거로움도 해소되고, 휴대폰 사용 정지 제도를 잘 모르는 부모들의 부담도 줄어든다.

통신 업체에서도 미래 고객 확보 차원과 국방의 의무를 다하려는 고객에 대한 배려 차원에서 입대 장병의 사용 정지 기간 중의 요금을 면제하거나 최소화하는 방안도 검토해야 한다. 참고로 입대 기간 동안 장병들이 부과하는 사용 정지 요금의 총액은 152억 400만 원으로 추계된다.

⦿ 제안 내용 보다 더 획기적으로 개선, 앞서 가는 병무 행정

필자는 휴대전화 해지를 희망하는 입영장병에 대해서는 해당 입영부대에서 자필 해지신청서를 취합하여 해당 통신사로 보내거나, 입영자 명부를 통보해 주는 방식으로 제도 개선을 제안했다.

병무청의 움직임은 놀라울 정도였다. 수차례 관련 기관 협의를 통해 제안한 내용보다 훨씬 나은 '병무청 학사업무 사이트' 개설에 반영시키는 제도를 내놓았다. 이동통신사가 인터넷으로 입영 내역을 확인하여 휴대전화 해지 업무를 처리할 수 있도록 별도의 사이트를 개설하여 휴대전화 사용 정지 및 해지 신청 절차를 간소화했다. 또한 입대 기간의 사용 정지 요금도 월 3,500원에서 2,750원으로 인하하여 '앞서 가는 병무 행정'을 과시했다. 병무청의 적극적인 민원 해결 노력에 찬사를 보낸다.

제도는 이렇게 개선되었지만 아직도 일부 휴대폰 대리점에서는 여전히 입영 확인서와 주민등록등본을 요구하는 곳이 있다. 이에 대한 지도와 교육을 통해 제도개선 효과가 제대로 나타나기를 바란다.

중앙청사 어린이집 주차장 자동차 출입구 분리

2007년 7월 국민신문고에 제안

2007년 11월 시행

⊙ 가뜩이나 바쁜 출근 시간인데

2007년 정부중앙청사 창성별관 어린이집의 출근 시간의 풍경. 아이를 태운 차들이 출입구로 들어온다. 차를 세우고 아이를 어린이집에 데려다 준 뒤, 차를 빼서 들어온 곳으로 다시 나온다. 그러다 보니 주차장 출입구가 복잡하게 될 수밖에 없다. 아예 주차장으로 들어가기를 포기하고 도로변에 불법 정차하는 사람도 부지기수다.

어린이집의 특성상 어머니가 운전을 하는 경우가 많은데, 후진에 미숙한 여성 운진자들을 돕느라 청사 방호원이 진땀을 빼고 있었다. 아이를 맡기기 무섭게 빠듯한 출근 시간에 맞추느라 조급하게 빠져나오는 차량도 많다. 자칫 어린이 안전사고가 일어날까 우려된다.

⊙ 자동차 입구와 출구를 분리하니

매일 반복되는 위험한 상황을 해결하고자 어린이집 북측 방향에 출구를 설치할 것을 제안하였다. 아침 출근 시간만이라도 입구와 출구를 분리한다면 혼잡을 반 이상 줄일 수 있다. 이에 정부중앙청사 관리소는 주차 공간을 조금 축소시키고 현행 주차장내에서 일방통행이 되도록 개선하였다. 이로서 어린이집 이용객, 특히 어린이의 안전사고 위험이 줄어들었다. 지금도 가끔 이곳을 지나칠 때는 흡족한 마음이 든다.

실현되기를 바라는 제안

'경복궁(역) 가는 길' 조성

2006년 7월 행정자치부에 제안

2007년 9월 서울시 '천만상상오아시스'에 제안

2008년 1월 인수위원회에 제안

⊙ 세종문화회관에서 경복궁까지 걸어 본 적 있습니까

어느 날 세종문화회관 앞에서 한 외국인이 경복궁역 가는 길을 물었다. 필자의 영어 실력도 서툴렀지만, 가는 길을 설명해 주기도 너무나 어려웠다. 정부중앙청사에 근무하다 보니 경복궁역에서 세종문화회관에 가는 길을 물어보는 관광객을 종종 만났다. 이들에게 낯선 길을 설명하기에는 상당히 복잡하며 이들이 쉽게 찾아갈까 걱정스럽기도 했다. 처음 상경한 관광객, 특히 외국인이 걸어서 세종문화회관에서 경복궁을 가기란 쉬운 일이 아니었다. 정부중앙청사 정문 앞에서 최소한 횡단보도 3차례를 지나거나 지하보도를 2차례나 통과해야만 했다. 특히 장애인은 지하보도를 이용하기가 너무나 어려워 더욱 불편한 길이었다.

경복궁은 서울의 대표적인 관광지다. 2005년도 경복궁을 찾은 관람객은 연간 294만 6,000 명으로 서울 5대 궁인 경복 · 창덕 · 창경 · 덕수 · 종묘의 총 관람객 592만 명의 절반에 달하는 숫자다. 경복궁역 지하보도 팻말에 새겨진 고궁박물관으로 가는 갈림길에서 우회전 방향으로 조그만 담만 하나 허물어 길을 열어놓고 세종문화회관 방향 ○번 출구라고 써 붙이면 되는데 나로서는 정말 이해가 가지 않았다.

⊙ 26년간이나 방치된 지하차도

경복궁 앞을 가로막고 있던 조선총독부 건물을 정부청사로 사용하던 시기가 있었다. 당시 경복궁은 국무총리실과 총무처에서 국무회의장으로 사용되었고, 현 정부중앙청사는 내무부, 교육부 등 중앙 부처가 들어와 있었다. 이들 경복궁과 정부중앙청사 사이에는 업무 연락 및 비상 통로로 이용되던 지하 차도가 있다. 하지만 옛 중앙청사가 철거된 1983년 이후에 이 지하차도의 반쪽은 청사 주차장 및 폐품 창고 등으로 사용되면서 사실상 문이 굳게 닫힌 채로 방치되어 있는 실정이었다.

⊙ 불편은 여전히 계속되고 있다

2006년 7월 행정자치부에 '중앙청사 지하 차도를 경복궁(역) 통로로 개방'이라는 공무원 제안을 제출하였다. 그러나 행정자치부에서는 제안에 대해 국민 편의를 위한 점과 창의성에서 우수하나 다음과 같은 이유로 채택할 수 없다는 답변이 왔다.

첫째, 2006년부터 2009년까지 경복궁 광화문 원위치 복원 및 전면광장 조성 사업이 추진 중에 있으므로 개방 위치와 중복될 우려가 있다. 둘째, 지하 통로가 청사 안를 통과하도록 되어 있어 일반인에게 상시 개방할 경우 중앙청사 경비에 상당한 어려움이 있다. 셋째, 근무 공무원에 비해 절대적으로 협소한 중앙청사 공간이 축소되어 주차장과 관리 창고 확보 등에 어려움이 가중될 수 있다.

그러나 이런 답변은 내가 제안한 취지와는 사뭇 다른 내용이었다. 반문하자면 다음과 같다.

첫째, '경복궁(역) 가는 길'은 경복궁역과 경복궁을 오가는 관광객, 특히 단체 어린이 관광객에게는 아주 안전하고 쉬운 길이다. 광화문 앞 전면 광장 조성과 일부 관련은 있지만, 광화문 전면 광장이 조성되더라도 교통 흐름상 왕복 10차선의 T자형 교차로에서 횡단보도의 기능이 제대로 발휘될지 의문이다. 이는 경찰청의 시뮬레이션에 의해서도 드러난 문제점이다. 특히 대중교통을 이용하는 관광객을 위해서라도 경복궁역과 세종문화회관을 연결하는 이 길은 반드시 열려야만 한다. 둘째, 중앙청사(국가중요시설 '가'급) 경비 및 방호상의 문제는 현행 고궁박물관의 마감 시간에 맞추어 19:30분(동절기 19:00) 이후 통행을 제한하면 될 것이다. 셋째, 방치된 지하 차도는 예산을 조금만 투입하면 현행 지하보도를 확장해서 전시관 등으로 사용할 수 있는 훌륭한 자원이다. 우천 시 또는 민방위 훈련 시 지하 대피소로 활용할 수도 있다.

⊙ 4개 기관이 협조해야 해결이 가능하다

필자는 이 제안을 하루빨리 실현시키고자 서울시의 상상 제안과 2008년 1월 새정부의 인수위원회에도 제출하였으나 반응은 없었다. 26년 동안 방치되어 있는 지하 차도가 '경북궁(역) 가는 길'로 바뀌어 이 길을 통해 많은 사람들이 편리하게 이용되는 날이 하루속히 실현되기를 행정안전부와 서울특별시청, 문화재청, 서울지하철공사에 촉구한다.

◉ 경복궁(역) 가는 길 조성 계획

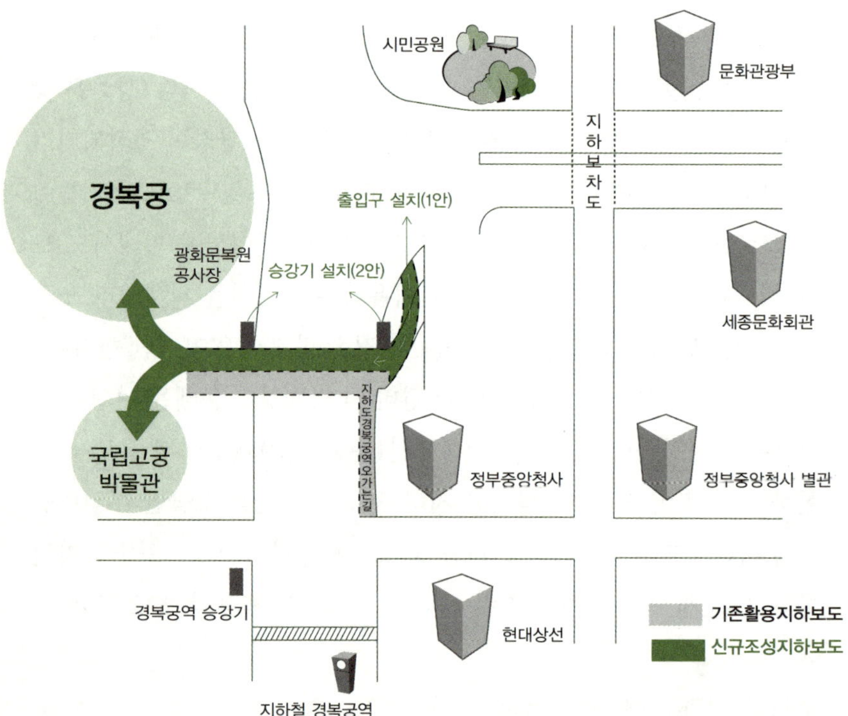

⊙ 거리 비교표

구 분	거 리	거리차	여 건
제안 방법으로 이용시	420m		지하도 1
A 경로(기존)	690m	270m	횡단보도3
B 경로(기존)	840m	420m	지하보도2, 횡단보도3

〈참고〉 현 보행이동로 및 개선안

------------ A 경로(기존)
———— B 경로(기존)
━━━━ 제안 방법으로 이용시

관공서 등 대형 건물에 우산 탈수기 비치

2004년 11월 행정자치부에 제안

2008년 1월 인수위원회 제출

⦿ 비 오는 날, 일본 관공서 로비의 모습은 우리와 다르다

비 오는 날 대형 건물에 들어서면 우산을 넣을 수 있는 비닐이 비치되어 있다. 들어오는 사람마다 우산에 비닐을 씌우려고 줄을 서서 출입구는 항상 복잡해지기 마련이다. 2004년 10월 연수 차 일본 도쿄에 갔을 때의 일이다. 비가 오는 날, 문경구청과 인사원을 방문했는데, 건물 출입구에 처음 본 기계가 보였다. 밖에서 들어오는 사람들이 모두 그 기계에 우산을 꽂고 나서 건물 안으로 들어가고 있었다. 우산을 꽂자 찰칵 하는 소리와 함께 우산에 묻어 있던 빗물이 탈수됐다. 방문객들은 탈수 된 우산을 그대로 지닌 채 사무실로 들어가면 그만이었다. 어떻게 보면 조그마한 일이었지만, 나는 이 광경을 보고 많은 것을 느꼈다.

⦿ 그렇게 많은 비닐은 어디로 사라질까

우산을 비닐에 넣는 게 번거롭기도 하지만, 수많은 1회용 비닐이 쓰레기통에 버려져 환경오염의 원인이 될 것을 생각하면 안타깝다. 비닐을 씌우지 않고 그냥 젖은 우산을 들고 들어가는 사람들을 따라다니면서 걸레질을 하는 건물의 청소원들의 모습도 안쓰럽다. 우리의 녹색 성장 정책도 이런 조그마한 일에서부터 출발해야 하지 않을까?

◉ 도입 검토하겠다더니 아직도 무소식

필자는 우산 탈수기의 보급을 위해 2004년 우선적으로 일본 제품을 몇 대 구입해 정부청사(중앙 · 과천 · 대전)에 시범 설치 운영하는 것을 제안했다. 이에 정부청사관리소에서 2005년에 시범 설치를 검토한다는 회신을 보내왔으나, 아직 시행이 안 되고 있다. *153쪽 우산 탈수기 사진 참조

IT 강국인 우리나라의 기술 수준이라면 일본 제품보다 훨씬 뛰어난 제품을 만들 수 있을 것이다. 인터넷에 들어가 검색해 보니 부산의 (주)선진테크에서 우산 탈수 포장기를 제작 중이고, 또 다른 우산 탈수기 특허도 나와 있었다. 우산 탈수기는 비닐이 필요 없으므로 깨끗한 환경 가꾸는 데 도움이 되고, 국민들에게 '생활 아이디어가 이런 것이다.'라는 걸 보여 주는 좋은 사례가 될 것이다.

이 제안은 2008년 1월 대통령 인수위원회의 공무원 정책 제안으로 제출하였으나 아무런 반응이 없었다. 환경부는 우산 탈수기 생산에 획기적인 관심을 가져주었으면 한다. 우리 실정에 맞는 우산 탈수기를 제작하여 공공 기관, 대형 건물을 중심으로 널리 보급하는 한편, 수출을 통한 국익 창출에도 기여하기를 기대한다.

■ 한국의 우산 탈수기

부산광역시에 위치한 (주)선진테크는 새로운 우산 탈수기를 제작해 홈페이지에 동영상을 제공하고 있다. 제품의 성능이 검증되면 널리 보급되기를 바란다.

정치 후원금 10만 원 세액 공제 제도 개선

| 2006년 5월 국민신문고에 제안

◉ 배보다 배꼽이 큰, 우스운 제도

정당이나 후원회에 기부한 금액(당비 또는 후원금) 중 10만 원까지 연말정산 시 세액 공제를 해 주는 제도다. 10만 원을 기부한 경우에는 총 11만 원(10만 원 소득세 세액공제, 1만 원 주민세 소득할 환급)을 공제 받을 수 있는 배보다 배꼽이 더 큰 우스운 제도다.

◉ 정치적 논리가 조세 원리를 어기다

110%의 환급금 중 10%에 해당하는 환급분은 지출 없는 경비에 대한 소득공제다. 이는 조세 원리를 훼손하는 것이며, 바로 이것이 정치 논리가 조세 원리를 누르는 결과를 초래한다. 정치 후원금을 내지 않은 국민의 경우 자기의 세금으로 10%의 환급금을 부담하는 셈이다. 그래서 국민의 세금으로 정당 후원금을 추가로 지원해 주는 불합리한 제도라고 비난을 받고 있다.

현행 장애인 단체의 기부금에 대해서는 10~100% 소득공제를 하고 있다. 반면 정치 후원금에 대해서는 100% 세액공제를 넘어 110%까지 환급해 주고 있다. 또한 세액공제 1만 원은 소득공제 12~15만 원의 효과와 같은 수준이라며 정치 후원금에 대해 지나친 혜택이란 비판도 제기되고 있다.

⊙ 장기적인 측면에서 검토할 일인가

필자는 이러한 여론을 바탕으로 2006년 10만 원 이하의 정치 후원금에 대해 90%의 세액공제 제도 개선안을 당시 기획재정부 기획조정실에 제안했다. 기획재정부는 현재 기부금을 받는 비영리 공익 단체의 성격과 공정성 정도 등을 감안하여 소득공제 한도를 차등해서 운영하고 있다. 합법적으로 기부한 정치 자금은 10만 원까지 현행 조세 체계 하에서 세액공제하고 10만 원을 초과하는 금액에 대해서는 소득공제를 하고 있다고 한다. 기부금 외에 사실상 소득할 주민세의 상당액까지 환급되는 부분에 대해서는 장기적인 측면에서 검토하고 추후 법령개정 시 참고하도록 하겠다는 답변이었다. 하지만 이것은 장기적인 측면에서 검토될 사항은 아니라고 생각된다.

⊙ 정치후원금의 90%만 세액공제하자

10만 원 이하 정치 후원금의 90%를 세액공제하면 주민세 소득할 환급금 9%와 합쳐 99%를 환급 받으므로 '지출 없는 비용 공제', '정치적 논리에 의한 조세 원리의 훼손'이라는 비판은 해결되고, 정치 후원금을 내지 않은 국민들의 불만도 줄어들 것이다.

지하철 빈 광고란 공익적 활용

| 2007년 5월 희망제작소 사회창안센터에 제안

⊙ 텅 빈 지하철 광고란 활용 방안은 없을까

경기가 좋지 않아서일까. 요즈음 지하철로 출퇴근을 하다 보면 비어 있는 광고란이 제법 많다. 그나마 채워 있는 행사 광고들도 기간이 지난 것들이 많다. 광고란을 깨끗하게 정리해서 비워 두는 것도 광고 홍수에 시달리는 현대인에게 나쁘지는 않다고 생각한다. 그러나 정리되지 않은 채 을씨년스럽게 방치되어 있는 공간을 보면 다시 한 번 생각하게 된다.

⊙ 비어 있는 동안만이라도 공익적으로 활용하면 어떨까

서울지하철공사나 도시공사철도에서는 이용객의 정서 함양을 위해 몇 군데 정도는 고서, 동양화, 서양화 등의 그림이나 시, 고사성어 등을 게재해 운영하다가 광고주가 나타나면 언제든지 대체 활용하면 어떨까?

또한 일반 상업광고 보다는 저렴한 가격으로 공공 기관의 각종 정책 홍보의 장으로도 활용할 수 있다. 국가나 지방자치단체의 비전을 제시하거나, '제주 용머리 해안 경관', '여수박람회 행사 홍보' 등 가고 싶은 관광 명소의 아름다운 자연 경관을 소개하고, 등산가 · 탐험가 · 남극 근무자 등 의지의 한국인이 소개되면 이용객의 정서도 함양되고 공익성도 높이는 등 '꿩 먹고 알 먹고' 아닌가.

⊙ 불량 광고물에 대해서는 과태료를 부과해야

동시에 쾌적한 지하철 문화를 만들기 위해서는 불량 광고물이나 전단지를 퇴출해야 한다. 이런 불량 광고물들은 보통 지하철 광고물의 틈에 끼워 두어 미관상 좋지 않다. 또한 그 내용을 보면 구인 전단이나 역술 강의, 포커, 바둑, 복권 등 국민의 사행심을 부추기고 생활이 어려운 서민들을 유혹하거나 청소년들에게 피해를 끼칠 우려가 있다. 과태료 부과를 통해 불량 광고물을 근절시키고 쾌적한 환경을 조성하는 대책을 강구해야 할 것이다.

⊙ 지하철 '비상 안내 표지판'에 광고를 하다니

2005년 7월 15일자 조선일보 1면에 '서울 지하철 1~4호선의 테러 무방비'라는 기사가 실렸다. 지하철 3호선은 전동차마다 4곳 정도 '비상마스크 보관함'이 설치되어 있고, 그 앞에는 제작 목적, 보관물 내용, 사용법, 유의 사항 등이 명기되어 있다. 그런데 이상한 상업 광고가 처음에는 전동차 가운데 4곳 중 1곳에 설치되었다가 차츰 늘어나 이제는 2~3곳이나 표지판 앞을 가리고 있다. 바로 옆에 광고란이 얼마든지 있는데도 비상시 안내 표지에다 광고를 허용하는 것은 잘못된 일이다.

유비무환(有備無患). 안전에 대한 우리의 의식이 아직도 모자라는 느낌이 든다. 이런 안내 표지는 보다 큰 글씨로 야광을 띠도록 고쳤으면 한다. 평소 타고 다니는 지하철이라 무심코 넘길 수 도 있지만, 왠지 씁쓸한 맘이 들어 이런저런 제안을 한다.

터널 속 위성방송 수신 장치 설치

| 2008년 11월 국민신문고에 제안

⊙ 터널을 지날 때마다 끊기는 방송

2008년 11월 필자가 지방에 내려갔다가 상경하는 길이었다. 긴 여정의 지루함을 달래 주는 것은 고속버스에 달린 위성방송 수신기였다. 마침 즐겨 보던 프로그램이 방영되어 재미있게 보고 있는데, 버스가 터널을 통과할 때마다 방송이 중단되는 것이었다. 한두 번이면 그러려니 넘기겠지만 생각보다 터널은 많고 길었다. 게다가 서울에 가까워질 즈음에는 차도 밀리는 데다 머리 위로 지나가는 고가도로 때문에 방송이 중지되는 경우가 더욱 빈번해져 결국 시청을 포기하고 말았다.

⊙ 터널 속에도 중계 시설이 설치되면 쾌적한 여행이 될 텐데

새로운 터널을 건설할 때는 위성 수신이 가능하도록 터널 속에 중계 시설을 설치하여 방송이 끊기지 않도록 만들면 어떨까? 설치 비용이 많이 들 경우 위성방송 사업자 측에서 비용을 먼저 부담하고 수익자 부담 원칙에 의거 수신료를 전가시키거나 그 비용을 고속도로 통행료에 포함시키는 방안도 함께 검토할 수 있다. 서울 지하철의 경우 지상파라 하지만 지하 수십 미터의 터널 속에서도 자유롭게 수신이 가능한 걸 보면 불가능한 일은 아닐 거라고 생각된다.

⊙ 통신사에서 수신 장치 설치 제안이 오면 검토하겠다?

터널 속 위성방송 수신기 설치를 국토해양부에 제안했다. 국토해양부의 답변은 다음과 같았다. “터널 내부에는 AM/FM 공중파 방송을 중계할 수 있는 장비가 설치되어 있다. 서울 지하철의 경우 통신사에서 사업성을 고려하여 지상파가 수신될 수 있는 장치를 설치했다. 하지만 도로에 있는 터널의 경우 사업성이 지하철보다는 낮다. 만약 통신사에서 수신 장치에 대한 제안이 들어온다면 적극 검토하겠다.”는 내용이었다.

⊙ 관광 선진국이 되기 위해서는 적극적인 추진 자세가 필요

이 답변은 통신사에서 수신 장치에 대한 제안이 없으면 검토 대상이 되지도 않고 실현이 불가능하다는 내용으로 들린다. IT 강국이자 관광 선진국 대한민국의 먼 장래를 위해서라면 문화체육관광부 등 관련 부처와 협조하여 좀 더 적극적으로 추진하려는 자세가 필요하다.

관광 선진국이 되기 위해서는 여행객에게 편안한 서비스를 제공하는 일이 가장 중요하다. 선진국의 유사한 사례도 조사하여 아직 미개발된 기술이 있다면 우리가 먼저 국제 특허를 획득하면 외화 벌이도 되지 않을까.

문서 양면 출력과 왼쪽 편철의 생활화

2004년 11월 행정자치부에 제안

2006년 3월 국민신문고에 제안

◉ 재생지에 양면으로 출력해 주는 것을 보고

2004년 중앙인사위원회 주관으로 일본 인사원 연수 때 있었던 일이다. 당시 대통령 탄핵소추안 발의로 정국이 어수선한 때라 그 소식이 궁금하여 휴식 시간에 인터넷 뉴스를 검색했다. 다른 교육 동기생들에게 기사를 보여 주고 싶어 출력을 부탁했더니 양면 프린트를 해 주었다. 그것도 재생용지에다가. 이 일은 나에게 퍽 깊은 인상을 남겼다.

연수를 마치고 국내의 프린터 업체에 물어보니 우리나라에서도 가능한 일이란다. 그러나 이에 대한 관심이 적고, 컴퓨터 상에서 몇 번 클릭을 더 해야 하는 번거로움이 있어 활용하는 사례가 거의 없다고 한다. 당시 국무총리실에서는 확대간부회의 자료를 양면 출력한 후 왼쪽으로 편철하여 활용하고 있었다. 이런 사례는 확산시켜야 할 좋은 사례다.

필자는 문서의 양면 출력이 생활화되고 문서 편철 방식도 현행 위쪽(짧은 쪽)에서 왼쪽(긴 쪽)으로 개선할 것을 제안한다. 그러면 종이 사용량이 획기적으로 절약되고 문서의 생산량도 줄어들어 자원과 예산을 절약하는 효과를 거둘 수 있다.

⊙ 사무실에서 숲을 가꾸자

이면지 사용을 권장해도 실천이 잘 안 되고 있다. 이면지에 붙은 활자 기름이 녹아 드럼을 손상시키므로 복사기 수리비가 더 많이 소요되기 때문이다. 그래서 일반 사무실에 가 보면 이면지가 쌓여 있는 것을 쉽게 볼 수 있다. 대부분 수입에 의존하는 백상지 절약이 바로 산림 자원 보호이고 녹색 성장이며 지구촌 온실 가스를 줄이는 길이 아닌가.

그래서 필자는 '사무실에서 숲을 가꾸자.'라는 국민 운동이 전개되었으면 한다. 필자 나름의 추계로는 현재 종이 사용량의 20%만 절감하면 매년 30년생 소나무 3,740ha를 가꾸는 효과를 기대할 수 있다. 이는 여의도 면적 840ha의 4.5배에 달하는 산림 자원을 보호하는 것과 같다. 교토의정서 발효와 관련한 온실 가스 감축 수범 사례로서 홍보 효과도 거둘 수 있을 것으로 기대된다. 우선 국립중앙도서관이나 국회도서관, 각 대학 도서관만이라도 양면 프린트기를 설치하고 양면 출력을 권장하면 상당한 성과와 아울러 홍보의 효과가 있을 것이다.

⊙ 우리 조상들도 왼쪽 양면 사용을 생활화했다

현재 학생들이 과제물을 제출하는 경우나 사무실에서 생산되고 있는 대부분의 각종 문서는 단면으로 출력해서 위쪽으로 편철하고 있다. 양면 출력한 문서를 위쪽 편철하면 다음 면을 볼 때 서류 자체를 뒤집어서 보아야 하는 번거로움이 생긴다. 이미 책장을 오른쪽에서 왼쪽으로 넘기는 것이 생활화되어 있으므로 양면으로 출력해서 왼쪽으로 넘기도록 하면 문서 생산량도 줄어들 것이다. 선조들이 펴낸 책과 족보도 대부분 양면 왼쪽으로 철해져 있음도 눈여겨 봐야한다. 우리 조상의 지혜를 본받아야 한다. 이렇게 되면 컴퓨터에서 편집된 상태로 그대로 책자화될 수 있는 장점도 있다.

문서의 양면 출력이 보편화되면 정부의 공문서 작성 규정도 정비되어야 한다. 현행 '사무관리규정시행규칙'에서 정한 문서의 용지는 '위로부터 30mm 왼쪽부터 20mm 오른쪽 및 아래부터 각각 15mm의 여백을 두어야 한다.'고 되어 있다. 이를 '위쪽, 왼쪽, 오른쪽, 아래쪽으로부터 각각 25mm의 여백을 두어야 한다.'로 개정되어야 한다.

이렇게 개정된 규격에서 작성된 문서는 메일을 주고받아도 별도의 편집이 필요 없이 그대로 사용할 수 있다.

⊙ CEO의 관심이 필수적

문서 출력과 편철을 바꾸려면 CEO의 관심이 필수적이다. 양면 사용이 가능한 보고서는 원칙적으로 단면 출력을 못하도록 기관장이 독려하면 보다 쉽게 정착될 것이다. 보고 요지는 앞면에, 보충 자료와 참고 자료는 뒷면에 넣는 '1장(2쪽) 보고서'는 많은 CEO가 바라는 사항일 것이다. 이 제도가 입법부, 사법부는 물론 기업까지 확대되기를 기대한다.

'봉급의 일할계산'으로 예산 절감

| 2008년 5월 행정안전부에 제안

⊙ 일자리 나누기를 위해 봉급도 줄이는 마당인데

요즘 세계 경제의 화두는 일자리 창출과 나누기이다. 우리나라도 예외가 아니다. 경제 위기로 올해에만 전 세계에서 500만 명이 일자리를 잃어 실업자가 2억 3천만 명에 달할 것이라는 게 국제노동기구ILO의 전망이다. 우리나라도 364만 명이 '실질적인 백수'가 되어 사상 최대 규모가 될 거라는 보도가 있다.

일자리 창출을 위해 국내 30대 그룹들은 대졸 신입 사원의 연봉을 최고 25%까지 삭감하는 대신 그 재원으로 인턴사원과 신규 채용을 늘리고 있다. 정무직 공무원의 봉급도 10% 자율 절감하는 등 공무원들의 봉급 자진 반납 결의도 지방자치단체까지 확대되고 있다.

⊙ 일한 만큼 보수를 받는 '무노동 무임금' 원칙에 부응해야

현행 공무원보수규정에는 매달 1일을 기준으로 공무원이 2년 이상 근속 후 면직되거나 의무 이행을 위해 휴직할 경우에는 1달치 봉급을 모두 지급하도록 규정되어 있다. 이러한 제도 때문에 2년 이상을 근무하고 퇴직을 앞둔 공무원은 월초 퇴직을 희망하고, 심지어 사실상 월중 퇴직을 하고서도 다음 달 초에 퇴직한 것으로 처리해 한 달 치 봉급이 더 지급되는 잘못된 사례도 있다. 이로 말미암아 인사 적체 현상도 발생한다.

장기근속 공무원이나 국회의원 보좌관 출신의 별정직 공무원의 경우는 최고 호봉을 적용 받기 때문에 한 달 치 봉급이 일반 공무원 초임의 3배 이상 차이가 난다. 본래 국회의원의 수당도 임기 개시가 5월 29일인 바람에 3일을 근무하고 한 달 치 세비를 받았다. 하지만 여론에 밀려 2001년부터는 '국회의원의 수당 등에 관한 법률'을 개정하여 재직 일수에 해당하는 금액을 지급토록 개선된 사례도 있다. 지금도 말썽이 되고 있는 노조 전임자의 임금 지급도 '무노동 무임금' 원칙 적용이 가시화되고 있는 현실이다.

⊙ 공무원보수규정도 일할 지급으로 변경돼야

공무원의 봉급도 재직 일수에 상응하는 일할 계산 지급 체제로 개선해야 한다. 그래야만 일부 공무원들의 한 달 치 봉급이 추가 지급되는 일이 사라진다.

그런데도 행정안전부는 현행 공무원보수규정은 정책적인 이유 때문에 개정하기 힘들다고 하니 이는 현실을 도외시한 발상이라는 생각을 지울 수 없다. 일한 만큼 대가를 받는 것이 상식이요 순리다. 굳이 한 달 치 봉급을 더 지급하려면 2년 이상 근무한 공무원이 아니라 오히려 보수가 적은 2년 미만 직원이나 비정규직 공직자에게 적용하는 것이 더 합리적이라고 생각한다. 일할 지급으로 제도가 개선되면 연간 200억 원 정도의 예산절감효과가 예상된다. 일할 지급 제도는 앞으로 공무원 연금이나 맞춤형 복지 제도, 사학 연금, 군인 연금 등에 확대 적용시키는 방안을 함께 검토해 더 많은 효과가 나타나기를 기대한다.

'시간 외 근무수당', 불량 공무원을 양산하지 말자

| 2007년 5월 국민신문고에 제안

⊙ '초과근무수당'은 공무원에게는 부적합한 제도가 아닐까

초과근무수당 제도는 생산량을 체크할 수 있는 생산직 직원에게는 필요한 제도지만, 시간당 생산성과 달리 다양한 질을 요구하는 공무원에게는 맞지 않는 제도인 것 같다. 속칭 '화이트 칼라' 직업에는 어울리지 않는다고 본다. 바람직한 공무원상은 사무실에 죽치고 눌러 있는 것보다는 현장에서 주민들과 접촉하고 국민 불편 사항을 확인하거나 자기 계발을 위해 노력하는 사람이다.

⊙ 수당 지급 과정상 모순점이 많다

현행 공무원 초과근무수당 제도는 그 과정상 문제점이 많다. 예산의 범위 내에서 지급해 먼저 청구 수령한 자만 혜택을 받는 모순, 현장 근무자와 파견 공무원의 적용상 문제점, 야근으로 인한 급식비 및 전기료 등 예산 부담 증가 등이다.

초과근무수당과 관련해서는 정액제 지급, 대리 기재, 시간 때우기, 퇴근 후 다시 출근하기 등의 부적절한 방법이 동원되고 있다. 그 백태가 언론에 소개된 이후 여론의 화살을 집중적으로 맞고 있다.

◉ 불량 공무원을 양산시키는 정책은 사라져야 한다

본질적으로 진정한 초과근무인지 여부는 본인을 제외한 어느 누구도 알 길이 없다. 초과근무를 한다고 해서 업무의 효율성이 높아지지는 않을 것이다.

지금까지 많은 기관에서 초과근무수당 허위 청구 방지를 위해 지문 · 홍채 · 정맥 인식기, 카드 체크기 등 각종 첨단 장비를 설치했다. 그러나 이 제도가 살아 있는 한 양심 불량 공무원의 지능적인 회피는 막을 수 없을 것이다. 또한 공무원 사회 내부 불신을 조장시키고 부패공화국의 누명을 씌우게 되니 이 또한 통탄할 노릇이다.

현실적으로 공무원 사회의 자정 노력과 청렴결백만을 요구하기에는 어려움이 많다. 현행 제도가 있는 한 보완 제도를 마련하더라도 미봉책에 그치리라 예상되며, 악순환의 소지는 남아 있을 것이다. 공무원 사회에 불신과 비리가 쉽게 발붙일 요소를 깔아 놓고 이를 막기 위해 갖가지 방안을 강구하는 것은 실효성이 없는 일이다. 배고픈 사람 옆에 밥상을 차려 놓고 왜 천천히 먹지 않고 급하게 먹느냐고 윽박지르는 것과 같다고 하면 지나친 표현일까. 따라서 현행 초과근무수당 제도를 과감히 폐지하는 대신, 차제에 5급 이하 공무원에 대한 보수를 어느 정도 현실화시켜주는 방안을 제안한다.

물론 일을 더한 만큼 제대로 보상 받지 못한다는 주장도 있을 수 있으나, 이는 인사 평정이나 성과급 지급, 기관장의 격려 등으로 사기를 높여 줄 수 있을 것이다. 또한 현행 제도는 월정직책급이 지급되고 연봉제가 적용되는 4급 이상 공무원에게는 적용되지 않으므로 5급 이하 공무원에게만 억울한 상황이 발생할 수 있는 뇌관을 안고 있는 제도라고 생각된다.

⊙ 시간 외 근무 수당 비리 근절 대책의 한계

2006년 4월 경기도 수원시청 공무원의 초과근무 수당 불법 수령 사실이 언론에 보도되어 공무원의 도덕적 해이가 사회적 지탄을 받았다. 그리고 불과 얼마 되지 않은 가운데 2007년 5월 말 성북구청에 이어 각급 지방자치단체에서도 공무원들이 밤늦게 퇴근하는 것처럼 속여 초과근무수당을 챙겼다는 기사를 보면 안타까운 마음이 든다.

2007년 행정자치부 감사관실의 시간 외 근무 수당 비리 근절 대책 지시를 살펴보자. 초과근무 확인 대장에 자필로 기재하고, 본인과 당직근무자의 확인 서명을 하며, 실 · 과 단위로 근무 내역과 당직실 확인 대장을 대조하게 되어 있다. 또한 초과근무 명령권자를 광역자치단체는 실 · 국장으로, 기초자치단체는 부단체장으로 상향 조정하는 등 나름대로 강력한 방안을 동원하고 있다. 국가청렴위원회에서도 부당 행위 신고 시 포상금 지급 방안을 제시했다. 그러나 일시적인 성과는 몰라도 근본적인 개선은 기대하기 어려운 것이 사실이다.

⊙ 시간 외 근무 수당을 폐지하고 일부 재원을 복지 수당화하자

필자는 공무원 초과근무수당 폐지를 감히 주장한다. 욕먹을 각오는 되어 있다. 아무리 생각해도 정말 이 제도로 말미암아 수많은 공무원의 명예가 실추되고 있다. 현행 초과근무수당 제도는 5급 이하 공무원들에게 근무 시간을 초과해서 근무할 경우 시간외 수당으로 보전해 주는 제도다. 나름대로 제도 자체의 순수성은 인정되나 현실적으로 이와 관련된 모순이 많이 발생하고 있고 앞으로도 계속 발생할 소지가 충분하다.

공무원은 국민에 대해 봉사의 의무가 있고, 신분이 법적으로 철저히 보장되어 있다. 그런 면으로 미루어 볼 때 시간 외 근무 수당 제도는 합당하지 않은 제도다. 이 제도는 애초에 5급 이하 공무원에 대한 복지 차원의 성격도 지니고 있고, 지금까지 그들의 실생활에 많은 보탬이 되어 온 것이 현실이다. 따라서 이 제도를 폐지하면 그만큼 보수가 줄어드는 결과를 초래해 이를 반대하는 주장도 상당할 것이다.

공무원의 보수에는 넓게 보면 사실상 시간 외 근무수당의 성격도 포함돼 있다고 볼 수 있다. 차라리 시간 외 근무 수당 자체를 없애고 5급 이하 공무원의 보수를 어느 정도 보전해 주는 것이 훨씬 합리적이라고 생각한다. 적정 수준으로 수당화하여 보전해 주는 대신 동 제도를 폐지할 경우에는 사전에 공무원 사회뿐 아니라 국민에 대한 폭넓은 의견 수렴이 이루어져야 할 것이다.

시간 외 근무를 일부러 자제하는 난센스도 사라져야

최근 수출입은행에서는 일이 급하고 많은데도 이를 못하게 하는 식의 시간 외 근무 통제가 벌어지고 있다고 한다. 금융감독원에서는 경영 효율화 차원에서 시간 외 근무 예산을 20% 수준인 8억 원을 절감키로 했으며, 또 오후 6시 30분 이후로는 인터넷 사용이 불가능해 금융 시장 뉴스조차 확인할 수 없는 원시적인 환경에서 눈치를 보며 야근을 하는 부작용도 발생하고 있다고 보도됐다. 이러한 난센스는 없어져야 한다. 시간 외 근무 수당 불법 수령 사례가 계속 사회적인 지탄을 받고 있다. 2009년 3월부터 행정안전부 감사관실에서 시간 외 근무 수당 비리 근절을 위한 대책팀이 가동되고 있으나, 이 또한 얼마나 성과를 낼 수 있을지 의문이다.

지난 2009년 6월 7일 KBS 9시 뉴스에서도 대전지방경찰청의 '시간 외 수당' 허위 청구 사례가 자세히 보도되어 또 한 번 국민들의 이맛살을 찌푸리게 하였다.

아파트 옥상 조명과 가로등 절반 이상을 끄자

| 2008년 7월 국민신문고에 제안

◉ 아파트 옥상 조명을 끄자

기름 값이 배럴당 150달러를 오르내리고 제3차 오일 파동이 닥치고 있는데도 우리의 대응책은 너무 안이한 것 같다. 인천공항에서 서울을 들어오다 보면 우리의 에너지 사용 실태가 외국과는 너무나 대조적인 느낌이다.

먼저 아파트 옥상의 조명등을 끄자. 인천공항에서 서울시내로 오는 길 아파트 단지 옥상의 불빛은 너무 휘황찬란했다. 생활에 필요해서가 아니라 단지 아파트의 브랜드 이미지를 높이기 위한 낭비인데도 보기에 좋다고 그렇게 전기를 낭비해도 되는 것인지 이해되지 않았다. 어떤 아파트 옥상의 조명은 안전 운전에 지장을 줄 정도로 너무 밝은 원색의 조명을 하고 있다. 부자 동네 주민이라 옥상의 전기 사용료가 자신에게 부과되어도 괜찮다고 할지 모르겠다. 하지만 국가의 에너지 절약 시책에 역행하므로 자율적으로 옥상의 조명을 끄면 좋겠다.

도로의 가로등도 절반 이상을 끄자. 고속도로의 가로등도 그렇게 많이 켜야만 하는지 모르겠다. 고속도로는 차량의 속도가 빠르기 때문에 가로등 불은 반으로 줄여도 통행에는 별 문제가 되지 않으리라 생각된다. 민간에게 에너지 절약을 강요하기 전에 공공 기관에서 솔선했으면 한다. 위 두 가지만 실천하더라도 국민들이 '에너지 위기'를 피부로 느끼게 되어 에너지 절약에 동참하는 분위기 조성에 많이 기여하리라 확신한다.

⊙ 외국의 에너지 절약 시책을 타산지석으로

참고로 내가 보고 들은 외국의 에너지 절약 시책을 소개한다.

중국의 기름 값은 리터당 1,000원 정도로 소득 수준이 우리의 20%도 안 되는 그들에게는 상당히 비싼 편이다. 그래서 그런지 정차할 때는 어김없이 시동을 끄는 바람에 차를 탈 때마다 더위에 시달려야 했다. 우리가 말하는 자동차 공회전은 볼 수가 없었다. 어둠살이 지는데도 가정집에 전구가 켜 있는 집을 보기가 힘들었다. 저녁 7시가 지나서야 간간이 불을 밝힌 집이 보였지만 보통은 일찍 잠을 청한다고 했다. 또한 도로에는 가로등이 없거나 적어서 어두컴컴하고, 터널에도 불빛이 없었지만 차량은 잘 달렸다.

일본 도쿄돔에서 바라본 도쿄의 밤은 우리 서울처럼 휘황찬란하지는 않았다. 도쿄 남쪽에는 우리처럼 네온사인이나 가로등이 있지만 눈이 부실 정도는 아니었다. 북쪽 방향은 훨씬 어둠이 짙었다.

부존 자원이 많은 부자 나라로 알려진 미국의 샌프란시스코도 마찬가지였다. 세계적으로 유명한 금문교도 에너지 절약 차원에서 야간 조명을 끄고 있다고 한다.

이들 사례들을 타산지석으로 삼아 우리의 한강 조명이나 네온사인도 적당하게 조절하는 방안을 재고했으면 한다.

⊙ 정부의 적극적인 추진 의지를 보고 싶다

지식경제부는 최근의 고유가에 적극적으로 대처하기 위하여 2008년 7월 6일 '정부의 초 고유가 대응 에너지 절약 대책' 및 2008년 7월 7일 '국무총리 특별 지시 2008-5호'에 따라 공공 부문에 대한 획기적인 에너지 절약 시책을 추진 중에 있다고 한다. 그렇지만 지금도 아파트 옥상의 조명과 가로등은 종전과 다름이 없이 휘황찬란하기만 하다.

자동차세의 유류대 부과 징수

| 1994년 3월 내무부에 제안

⊙ 행정 비용 증가와 국민 불편 초래하는 부과 방법

현행 자동차세는 차량 등록 원부의 등록자에게 직접 고지를 부과해 체납액이 많이 발생하고 행정 비용이 증가하며 국민의 불편도 초래하고 있다. 현행대로 보유과세 위주로 부과하는 것은 교통량 완화를 위한 '10부제 운행', '나 홀로 운행 지양' 등 대중교통 이용을 장려하는 시책에 역행하는 일이다. 또한 행정 규제에 상응하는 세제 혜택 취지에 맞추어 나가기도 어렵다.

레저와 여가 산업의 발달로 대도시 차량이 지방 도로를 이용하는 일이 늘고 있다. 그 지방의 도로를 마모시키고 환경오염을 유발하면서도 자동차세는 자동차 등록지인 대도시에 납부하는 것이 지금의 현실이다. 이는 원인자 부담 및 지방 재정 조정에도 역행한다.

⊙ 합리적이지 못한 과세 표준

자동차세는 소유자에 대한 실질과세 원칙이 아니고 형식적으로 자동차 원부에 등록된 자를 납세 의무자로 간주한다. 따라서 체납액이 과다 발생하고 세수 결함과 징수 비용이 늘어나는 추세다. 시 · 군 · 구청의 자동차 과세 대장만 하더라도 캐비닛 몇 개에 해당되는 분량이다.

또한 현행 자동차세가 차량 등록 원부상의 등록 위주로 부과되는 점을 이용하여 차적을 타 시도에 두는 편법이 이루어지고 있다. 서울에서 운행하는 대형 버스나 화물차를 가지고 있더라도 세금이 적은 경기도에 차적을 두는 식이다. 이는 특별시나 광역시의 경우 조례로 표준 세율의 50%까지 초과 징수할 수 있는 제한 세율 적용이 가능하기 때문이다.

현행 자동차 과세 표준은 다른 지방세와 같이 가격이나 수량 등에 의해 부과되는 것이 아니다. 당해 자동차의 영업용 · 비영업용 또는 승합 · 화물 · 특수 자동차 등으로 구분하여 배기량과 화물 적재량에 따라 각각 세율을 달리 적용하고 있다. 이에 대한 뚜렷한 기준이 없어 정책적이고 자의성이 게재될 소지가 많은 구조로 되어 있다. 따라서 조세 저항이 비교적 많은 세목이다.

⊙ 자동차 운행세로 변경하여 간접세로 징수

현행 자동차세는 재산세적인 성격이 크며 소비 억제를 위한 보유 과세 성격으로 매겨진다. 하지만 실제 재산의 성격보다는 도로 손상 부담 및 환경 오염 유발이 운행량에 비례되는 성격이 크므로 이를 유류대에 부가하기 위해서는 세의 명칭과 개념 정리가 필요하다.

따라서 현행 담배 소비세 납부 방법과 유사하게 유류(가스) 제조자를 특별 징수자로 지정하여 제조자가 자치단체별로 자진 신고 납부하는 방법으로 전환했으면 한다. 주유소별로 유류(가스) 판매량은 매일 일계표를 작성, 대리점을 통해 정유사에 통보되고 있으므로 자치단체별 · 유류별 판매량은 2~3일내 파악이 가능할 것이다.

◉ 고급 승용차에 대한 재산세 과세 제도는 존치

다만, 자동차세가 소비 억제를 위한 보유 과세 성격의 정책 조세라면 일정 배기량 이상의 고급 승용차에 대해서는 자동차 운행세와 별도로 재산세 과세 대상에 포함시켜야 할 것이다.

한편 현행 조세 구조상 간접세의 비중이 너무 높은 실정이어서 자동차세마저 간접세로 징수하는 경우 그 비율이 증가해 가난한 사람도 부자와 똑같은 세금을 물게 되는 결과를 초래할 수 있다. 따라서 공평 과세라는 조세 이념에 부합되지 않아 조세 구조상 바람직하지 않다는 비판이 제기될 수 있으므로 이에 대한 대응책도 검토되었으면 한다. 또한 택시, 용달차 등 영업용 차들에 대한 보전 대책도 함께 검토되어야 한다.

창덕궁, 창경궁, 종묘를 지상공원으로 연결

| 2007.4 서울시 천만상상오아시스 제안

돈화문 교차로 지점에서 원남사거리 도로는 창덕궁, 창경궁, 종묘를 단절시키는 결과를 초래하고 있다. 이 도로를 공원화하는 대신 두 지점에 지하도로를 만들면 교통 혼잡 없이 공원의 면적도 넓히고 역사 복원의 취지에도 부합하리라 생각된다.

두 지점에 지하도로를 만들면 도로 양 옆의 높다란 담장이 사라지고 종묘와 비원 옆에 삼각형 모양의 아담한 공원이 조성돼 또 하나의 서울의 명소가 되리라 생각된다.

하루빨리 돈화문 교차로와 원남사거리 간에 지하도로를 만들고 창덕궁, 창경궁, 종묘를 연결한 큰 공원이 조성되기를 바란다. 아울러 그 공원을 여유 있게 걸어가고 있는 미래의 모습을 상상해 본다.

인감증명 제도 폐지

| 1995년 4월 내무부에 제안

⊙ 입법 취지에도 맞지 않는 제도

현행 인감증명 발급 제도는 인감증명법에 따라 민원인의 출원에 의해 행정청이 증명해 주는 제도다. 연간 발급 건수가 4천여만 건으로 국민 1인당 1건씩 발행되는 셈이다. 보증용, 대출용, 공증용 등 그 용도도 다양하다. 인감증명법의 입법목적은 "행정청이 출원자의 현재 신고되어 있는 인감을 증명함으로써 국민의 편의를 도모 한다."고 되어 있다. 하지만 인감증명 제도는 원천적으로 불신을 바탕으로 만들어진 제도다.

당사자 간의 자치 영역에 정부가 지나치게 개입하여 국민의 불편과 부담을 오히려 증가시키는 등 입법 취지에 맞지 않는다.

본인이 해당 기관에 한 번 가면 될 일이 이 제도 때문에 동사무소를 거쳐야 하는 불편함도 생긴다. 참고로 내무부 세외 수입 연감에 의하면 인감증명의 발급건수는 1988년 3,427만 건에서 1992년 4,127만 건, 1993년에 4,163만 건으로 매년 증가하고 있다.

⊙ 인감증명 사고 발생 소지는 상존하고 있다

현행 제도는 '본인 여부'와 '진실한 의사 여부'까지 행정청이 직접 증명해 정부의 개입이 지나치다는 지적이 있다. 또한 인감증명 서류가 있더라도 사고가 발생할 소지는 여전하다. 최근 인감 사고의 예방을 위해

인영印影의 컴퓨터 입력 등 전산화가 추진되고 있지만 어디까지나 민원인이 지참한 인장을 육안으로 일일이 대조하는 원시적인 확인 발급이 불가피한 실정이다. 인장 위조 기술의 발달과 담당 공무원의 착오 등으로 인장 진위 여부의 완벽한 판별은 불가능한 셈이다. 또한 인감증명 위임 발급은 진정한 본인 의사에 의해 증명되는 수단인데도 불구하고 국민 편의라는 명분으로 본인의 의사와 달리 발급되기도 한다.

필자도 동사무소 근무시절 인감증명 업무를 맡으면서 인감증명을 둘러싼 사고를 경험한 바 있어 제도 개선의 필요성을 실감한다. 또한 인감증명 제도는 한국과 일본, 대만에만 있는 제도다. 국제간 거래나 조약 체결에도 서명이 통용되고 있어 세계화 조류에도 맞지 않는 원시적인 제도라고 생각된다.

◉ 장기적인 안목에서 제도 폐지를 추진하자

인감증명은 동양 문화의 산물이다. 따라서 이 제도를 폐지하려면, 현행 제도의 문제점에 대한 공감대를 확산하고, 인감증명을 대체할 수 있는 새 제도와 그에 대한 긍정적인 인식이 깔려 있어야 한다. 인장 문화와 인장 사용 관행의 조기 폐지 유도는 행정의 능률성을 제고하고 신용사회의 조기 정착과 민원인의 불편을 해소하는 데 기여하게 될 것이다.

인감증명 발급 건수가 전체 제증명 민원에 차지하는 비중은 1980년도 17%, 1985년도 17.6%, 1993년도 19.9%로 매년 늘어나는 추세다. 따라서 단기적으로 이를 폐지하는 데는 많은 부작용이 따를 것이다. 따라서 우선 인장문화와 인장 사유 관행의 퇴조 추세에 맞추어 점차 폐지해 나가야 할 것이다. 인감증명 제도 폐지에 따른 보완 장치를 먼저 마련하고 이 제도가 어느 정도 정착 단계에 이르렀을 때 인감증명 제도를 폐지해야 한다. 앞으로 시행이 예상되는 전자주민카드 발급에 따른 증명 민원 감축과 인장업의 전업 유도를 위해 충분한 입법 예고 기간도 필요할 것이다.

⊙ 행정기관의 인감증명 징수 제도부터 폐지하자

우선 국가배상법에 의한 국가배상금 지급 신청 등 각종 보상금 신청이나 국세나 지방세의 환급금과 환부 신청, 각종 등록인가나 양도 승인 등 관계 법령에서 정하고 있는 인감증명의 제출 제도는 본인 명의의 계좌 이체나 자필 서명으로 대체하는 등 국가가 먼저 솔선하여 폐지해야 한다. 이 제도가 정착되면 보험회사나 은행 마을금고 등의 인감 제출 요구 관행의 폐지도 유도해 나갈 수 있을 것이다. 진실한 의사 여부는 인감증명보다는 거래 당사자 간의 무인이나 자필 서명이 더 확실하다.

⊙ 공증 및 보증보험 제도 간편화 시책과 병행 추진 검토 필요

선진국의 예와 같이 공증 제도를 널리 활용하거나 보증보험 등을 통해 거래 관행의 신용을 확보할 수 있는 각종 제도와 병행해서 추진하면 더욱 좋겠다. 공증인의 자격 요건 완화와 함께 공증 및 보증보험료의 인하도 함께 추진되어야 한다. 이는 많은 국민이 가입하면 할수록 보험 수수료 인하가 가능하다는 이치일 것이다. 한편 국가배상금 지급, 국세 환급 등 공공 기관에서 지급하는 제도는 실명에 의한 계좌 입금 제도가 정착되면 국민의 저축을 장려하는 또 다른 효과도 거둘 수 있을 것이다.

한강 자전거 도로 미사리까지

| 2009년 5월

서울시가 2014년까지 남산과 한강을 아우르는 88㎞의 자전거 순환 도로를 만든다고 한다. 앞으로 종로와 장충단길, 소월길을 따라 사람들이 자전거를 타고 시원하게 달리는 모습을 상상하니 기분이 절로 좋아진다.

이와 더불어 한강과 미사리 경륜장을 연결하는 자전거 도로가 만들어졌으면 한다. 한강변 남측에서 자전거 도로를 달리다 보면 미사리(경륜장)가 얼마 남지 않은 지점에서 중단하고 돌아와야 한다. 그럴 때마다 아쉬운 마음이 들곤 한다.

현재 천호대교 지점에서 구리시 경계까지 부교浮橋를 이용한 자전거 도로 개설 여론이 있는데, 이보다는 강동구 끝 지점에서 하남시 미사리 제방입구(500m 정도)까지 연결하는 자전거 도로가 먼저 생겨야 한다. 강동구와 미사리 제방입구를 연결하면 미사리 경륜장과도 연계되므로 그 효용성이 더욱 높다.

일부 구청에서 실시하고 있는 한강변 자전거 무료 대여소도 서울시 차원에서 확대 · 운영하기를 바란다. 군데군데 위치한 자전거 대여소와 마을버스, 지하철 등 대중교통을 연결시킨다면 한강변에서 자전거로 출퇴근하는 모습을 하루 빨리 볼 수 있을 것이다.

Ⅱ

끊이지 않는 제안들

"이자 상환도 어려운 형편인데도 부득이하게
소액 대출을 받는 서민들도 많다.
이들이 어렵게 재원을 마련해 대출금을 상환하는
경우에는 조기 상환 수수료를 면제하거나 감면하여
부담을 덜어주어야 한다.
이런 서민을 위한 정책이 신용 불량자를
양산 하지 않는 지름길이다."
-89쪽 본문 중에서

의미를 두고 싶은 제안 

세금 및 공과금 등의 신용카드 납부 제도화

| 2002년 3월 행정자치부에 제안

⊙ 카드 사용을 권장하는 정부, 정작 자신은 허용을 않고

정부는 거래 질서의 확립과 투명성을 통한 세수 증대를 위해 신용카드의 사용을 제도화하여 병원이나 의원은 물론 소규모 사업자에게도 적극 권장하고 있다. 그러나 정작 국세나 지방세는 신용카드 납부를 허용하고 있지 않아 그 취지를 무색하게 하고 있을 뿐 아니라 납세자들의 불편을 초래하는 모순을 남기고 있다.

세금을 신용카드로 받지 않는 이유는 수수료 때문이다. 국세의 경우 연간 거둬들이는 세금 100조 원 중 10%인 10조 원을 신용카드로 받을 경우 카드 사용 수수료만 연간 1,000억~2,000억(사용액의 1~2%)이나 소요되어 세수가 감소되는 결과를 초래한다. 수수료 비용 절감을 위해 가맹점 수수료를 대폭 낮추도록 요청하더라도 영리를 추구하는 카드사의 입장에서는 수수료 인하에 소극적일 것으로 예상하고 있다.

⊙ 그동안 받아 오던 지방세와 건강보험료마저?

그동안 지방세의 경우 납세자 편의를 위해 1997년 카드 수납 제도를 도입한 후 248개 단체 중 68곳에 시행 중이고 신용카드 납부액도 1999년 189억 원에서 2001년 6월 512억 원으로 크게 증가했다. 그러나 행정자치부는 카드 납부액이 크게 늘면서 수수료 부담이 많아지자 2001년 8월 지방자치단체에 카드 납부 세목을 줄이고 카드사와의 가맹 계약이 끝나는 대로 카드 납부 중단을 지침으로 지시했다. 한편 국민건강보험공단의 경우 2001년 2월부터 건강보험료 장기 체납분에 한해 신용카드 납부제를 도입했으나 2002년부터는 146개 시 · 군 지사에 공문을 보내 건강보험료 30만원 이하는 현금이나 수표로 받도록 지시하며 카드 수납을 기피하고 있다. 이는 가맹점 수수료가 2001년 12억 원에서 2002년 30억 원으로 증가할 것으로 추산되기 때문이란다.

한편 신용카드 납부를 확대하고 있는 사례도 있다. 경기도 고양시는 행정자치부의 지침과는 달리 체납 지방세에 대해, 서울 강남구는 불법 주 · 정차 과태료에 대해 신용카드 결제를 장려하고 있다.

2002년 3월 공표 예정인 여신전문업법 제70조의 개정으로 신용카드 가맹점이 카드 받기를 거부할 경우 1년 이하 징역 또는 1천만 원 이하 벌금을 과하도록 개정되어 카드 수납을 거부할 명분이 없는 실정이나, 미가맹점을 처벌할 방법은 없다.

⦿ 모든 공과금은 카드로 납부가 되어야

국세, 지방세는 물론 국민건강보험료 등 공공 기관에 납부해야 하는 모든 세금 및 공과금에 대해서 신용카드 결제가 가능하도록 추진되어야 한다.

카드사와 협정 체결로 공익으로 사용되는 카드에 대해서는 일반 상품 구매와는 달리 카드 가맹점 수수료를 현행 1~2%에서 0.5~1%로 감액한다면 세수 감소 등의 우려는 반감시킬 수 있을 것이다. 카드 수수료 감액에 따른 카드사의 이익 감소분은 공공요금을 신용카드로 납부하려는 고객이 늘어나게 되어 보전할 수가 있을 것이다. 재정경제부(국세), 행정자치부(지방세), 보건복지부(국민건강보험료) 등 관련 기관 합동으로 가맹점 수수료를 원가 수준에서 관리함으로써 예산 지출을 최소화하는 방안으로 추진되었으면 한다.

카드 사용에 정부가 먼저 모범을 보이고 적극 권장해야 함에도 지금까지는 국민 편의를 외면한다는 비판에서 자유로울 수 없다. 경제 전반에 걸쳐 카드 사용이 보편화되어 지하철이나 시내버스 요금 600원 안팎도 카드로 결제하고 있는 실정을 감안하면 조세의 카드 징수는 꼭 도입해야 한다. 이에 따른 카드 수수료는 징수 비용으로 보는 것이 타당하다.

이렇게 되면 불법 주 · 정차 위반 과태료, 시 · 도립병원 진료비, 문화재 관람료, 국공립대학 입학금 등에도 카드 결제가 가능하게 될 것이며 카드사의 가맹점 수수료도 자연스럽게 인하될 것으로 기대된다.

⊙ 약자에 더 강한 신용카드 회사의 횡포는 고쳐져야 한다

2001년도 7개 신용카드 회사의 순이익은 2조 5000억 원에 달한다. 그러면서도 카드 회사들은 수수료 인하에 인색하다. 2002년 3월 11일에는 '약자에게 더 강한 신용카드 회사', '소비자를 볼모로 한 수수료 분쟁' 등의 비난 보도도 있었다.

또한 카드 회사들은 많은 이익을 남기는 가게에는 높은 수수료를, 반대의 경우에는 낮은 수수료를 물려야 하는데 현실은 매출액이 많은 대형 업체에 혜택을 더 주고 있다. 예를 들면 대형 할인 매점의 수수료는 1.5%인데 남대문시장 상인은 3.6%, 특급호텔은 2.7%인데 여관은 3.6%, 병원 · 법률 · 세무 · 변리사 등 전문 서비스는 2.7%인데 부동산 중개 · 세탁소 · 미용실 · 목욕탕 등 일반 서비스는 3%이며, 백화점은 도난 카드 사용액에 대해 100% 보상해 주는 반면 소매점은 이를 인정하지 않는 등 영세업자들은 카드 가맹점 수수료를 세금 아닌 세금으로 받아들이고 있다.

이에 대해 백화점 등은 가맹점 수수료 인하분을 편의 시설 확충이나 사은품 경품 등 고객 서비스로 환원한다고 주장하지만, 이는 매출 향상을 위한 자구책이지 고객에 대한 서비스 향상으로 보기는 곤란하다. 놀이 공원 무료 입장이라든지 무이자 할부서비스 같은 카드 혜택도 가맹점 수수료를 재원으로 이루어지고 있다.

백화점과 카드사 간에도 가맹점 수수료를 현행 2.5%에서 대형 할인점 수준인 1.5%로 인하하는 문제 때문에 특정카드 결제를 거부하는 사례가 발생하고 있다. 지나치게 높은 수수료도 문제지만 백화점의 카드 거부 행위 역시 소비자를 위한 일은 아니다.

세금 및 공과금 등의 신용카드 납부 제도화를 통한 국민 편의 도모 차원에서 카드 가맹점 수수료는 최소화해야 한다. 많은 사람이 가입하면 수수료는 내려가는 것이 이치다. 따라서 세금 등 국 · 공립기관에서 카드를 사용하려는 자에게는 편의 차원에서 카드 회원의 연회비도 최소한의 수준에서 징수되도록 추진되어야 한다.

국민권익위원회의 카드 결제 확대 추진에 기대

국민권익위원회는 각종 공공요금의 신용카드 납부가 안 된다는 민원이 빗발침에 따라 공공요금과 각종 정부 수수료를 신용카드로 납부 할 수 있도록 2009년 상반기 중에 제도 개선안을 마련해 해당 각 부처에 권고할 것이라고 2009년 3월 11일에 밝힌 바 있다. 2009년 현재 국세와 관세의 경우 수수료를 소비자가 부담하는 조건으로 일부 세목에 한해 200만 원까지 신용카드 납부를 허용하고 있다.

지방세의 경우 첫째, 지방자치단체가 가맹점이 되어 수수료를 부담하는 '가맹점 방식', 둘째, 지방자치단체에서 지방세 납부자가 부담해야 할 수수료를 면제하는 대신 카드사가 일정기한 징수액을 운영하도록 해 기한 이익으로 대체하도록 하는 '신용 공여 방식', 셋째, 납세자가 카드사로부터 신용 대출을 통해 지방세를 납부해 수수료를 납세자가 부담하는 '카드론 방식'등이 다양하게 적용되고 있다.

또한 가정용 도시가스 요금과 지역 의료보험료 등은 신용카드 납부가 가능하지만, 도시가스, 국민연금, 상 · 하수도요금, 전화 요금, 직장 의료보험 등 대부분의 공공요금은 신용카드 납부가 불가능하다.

이와 관련 국민권익위원회는 국세와 지방세의 신용카드 납부에 대한 여러 방식의 장단점을 분석해 여신전문업금융업법과 상충되는 문제를 검토한 후 공공기관과 국민 모두에게 최대한 부담이 적은 방향으로 제도 개선을 협의할 계획이다. 또한 각종 공공요금에 대해서도 신용카드로 납부하기를 원하는 소비자의 선택권 보장을 위해 제도 개선안을 마련해 전 기관에 권고하고 부처 간 협의를 통해 법 개정도 추진할 것으로 보인다.

입 · 퇴원 확인서 발급 제도 개선

| 1993년 3월 행정쇄신위원회에 제안

◉ 입 · 퇴원 확인서를 발급받기 위해 또 진료 청구를?

병원이 발급하는 입 · 퇴원 확인서는 병원마다 청구 형태가 구구하며, 명확한 발급 근거도 없어 병원 내규 등 관행적으로 발급되고 있다. 서울대학병원 등의 입 · 퇴원 확인서는 의무 기록부에 나타난 입 · 퇴원 일자 및 병상 기록에 따라 원무과에서 발급된다. 반면 중앙대병원 등 일부 병원에서는 입 · 퇴원 확인서에 병명을 기입할 경우 주치의의 병명 기재 등이 필요하다는 이유로 별도의 진료 신청서를 접수한 후 민원인이 해당 진료과에서 몇 시간 기다려 의사로부터 병명을 기재 받아야 한다.

의무 기록부에 입 · 퇴원 및 병상 기록이 기재되어 있는데도 입 · 퇴원 확인서에 병명 기재를 이유로 별도의 진료 신청을 접수케 하는 일은 환자의 입장을 전혀 고려하지 않는 병원 측의 안일한 자세라 생각된다. 진료 등 의료 시혜가 없는데도 확인서 발급을 위해 재진 진료 신청 접수료 2,350원을 징수하는 일은 부당하다. 번잡한 대학병원 외래에서 기다리느라 발생하는 대기 비용은 더 큰 불편으로 다가온다. 진료 신청이 불필요한 민원인에게 가외 부담이 될 뿐만 아니라 진료 의사에게도 업무를 가중시키는 부작용도 있다.

또 입 · 퇴원 확인서 발급 비용은 타 증명 확인서에 비해 너무 비싸다. 입 · 퇴원 확인서는 기재된 내용의 사실 확인에 불과한데도 확인서 발급 시 발급 수수료 5,000원에다 재진 진료 신청비 2,500원 등 7,500원의 비용이 들어 인감증명 300원, 신원증명 220원 보다 너무 비싼 편이다.

⊙ 원무과에서 소관과와 협조하여 발급토록 개선해야

입 · 퇴원 확인서 발급 제도 개선과 관련, 1993년 당시 보건사회부에서는 의료 행정이 복잡 다양해 획일적인 지침에 따라 시행하기에는 어려운 실정이라고 한다. 서울특별시에서도 환자의 검안 · 진찰 등은 의사의 고유 권한으로 원무과 직원이 진료 내역을 확인하기에는 어려운 점이 많다고 한다. 반면 중앙대학병원 원무과의 한 직원은 병원에 근무하는 본인도 이해가 가지 않는 부분이라며 시정의 필요성이 있다고 했다.

보건사회부 또는 해당 지방자치단체에서 입 · 퇴원 확인서 발급은 별도의 진료 청구 없이 원무과에서 의무 기록부(병상 일지) 등을 보고 작성 · 발급하도록 바꿔야 한다. 만일 원무과 직원의 전문 지식 부족으로 해당 의사의 확인이 필요한 경우에는 민원인에게 부담을 주지 말고 원무과에서 소관과에 협조하는 등 병원 자체의 노력이 필요하다. 또한 발급 수수료도 병원별로 자율적으로 하향 조정토록 권장해야 할 것이다.

'교통 보조비'를 '교통 · 통신 보조비'로 전환

| 2005년 3월 행정자치부에 제안

⦿ 교통비보다 통신비가 더 많이 드는데

공무원의 복리 후생 비중에는 '교통 보조비'란 명목으로 매월 일정액을 지급하고 있다. 그러나 현실적으로 교통비 못지않게 통신비의 부담이 매년 증가하고 있는 실정이다. 통신비에서 가장 많은 비중을 차지하는 휴대전화의 경우 개인 비품이라도 절반 정도는 공무상의 용도로 사용하리라 추정된다. 이제 휴대폰은 비상 연락 체계나 상시 업무 시스템의 체계상 꼭 필요한 필수품에 가깝다. 따라서 지금까지의 교통 보조비를 교통 · 통신 보조비로 전환해서 전 공무원에게 통신비에 대한 수당을 지급하는 방안이 검토되어야 한다.

현재 교통 보조비는 기능직 10급에서 4급 이하 공무원에게 월 12만~14만 원 정도로 직급별로 차등 지급된다. 이에 하위직 공무원들은 형평성의 문제를 제기하고 있어 '교통 · 통신 보조비'라 하여 정액 급식비처럼 직급에 관계없이 일률적으로 월 3만 원 정도 추가 지급하는 방안이 검토되었으면 한다.

현재 공공 기관에서는 기관장이 취임하면 기관 명의로 휴대전화를 구입하여 지급하고, 전화 요금도 부담해 준다. 이 역시 '사적 용도'보다는 '공적 용도'가 많다는 논리 때문이다. 또 일부 부처의 경우에는 과장 이상의 공직자와 운전원, 비서에게도 사용 요금의 전액 또는 일부를 예산에서 지원하고 있다. 기관장에 대한 휴대전화 제공은 퇴임 · 전출 시 신규 구입비 등의 예산과 행정력을 낭비하는 행위다. 사생활 보호 및 통신 보안 차원에서도 휴대폰은 개인이 취득하는 것이 좋을 듯 싶다.

⊙ '교통 보조비'는 '교통 · 통신 보조비'로

간부급 공무원에 대한 선별 혜택으로 하위직 공무원들의 불평도 제기되고 있고 기관의 휴대전화 사용이 늘어나고 있는 추세여서 각 부처별로 특성을 고려하여 지급기준을 마련한다는 것은 현실적으로 어렵다. 유비쿼터스 시대가 도래하고 있어 휴대전화가 생활 필수품으로 자리잡았고, 통신기기 가격도 비싸지고 있으므로 기관의 부담도 늘어날 전망이다. 따라서 개인 정보 보호 차원에서도 휴대전화의 구입비와 사용요금은 개인이 부담하는 것을 원칙으로 하였으면 한다. 다만 공적 업무로 이용하는 현실을 고려해서 모든 공직자에게 매월 일정액의 통신 보조비를 기존의 교통 보조비에 포함시켜 '교통 · 통신 보조비'로 전환해 지급되었으면 한다.

■ 휴대폰 요금 인하도 함께 검토되어야

휴대폰은 대부분의 국민이 가지고 있는 생활 필수품이다. 휴대폰이 없으면 생활이 불가능할 지경이다. 더구나 샐러리맨에게는 본인의 의사와 관계없이 핸드폰을 꼭 가져야만 업무가 가능하다. 따라서 정부는 서민, 학생, 무직자에 한해서 요금 할인제도 도입을 검토해야 한다. 또 샐러리맨에게는 일정액의 통신비를 소득에서 공제해 주는 방안도 함께 검토되었으면 한다.

소액채권 긴급구호자금 지급방안 검토

| 2007년 6월 국민 제안

◉ 외국인 근로자의 소액 체불 임금 지급 요구

2007년 6월 1일 청와대 분수대 앞 광장 효자사랑방 앞에서 외국인 근로자가 체불 임금 1,050만 원의 지급을 요구하며 1인 시위를 하고 있는 광경을 보았다. 저소득층, 특히 외국인 근로자의 경우 체불 임금이나 소액 채권이 발생해도 법률적인 구조를 받는 절차나 능력을 갖지 못해 1인 시위 등으로 불만을 표출하고 있다. 이는 심각한 사회 문제로 발전할 수 있는 한편, 국제적인 문제로 비화될 우려도 있다.

◉ 소액 채권 긴급 구호 자금을 지급하자

정부에서 가칭 긴급생활구호자금관리단(이하 구호자금관리단)을 만들면 어떨까? 일정 금액의 기금과 예산 기구를 갖춰, 저소득층의 일정 금액(예 : 3,000만 원) 이하 소액 채권(임금, 전세 보증금, 생활 연계 채권 등)에 대한 긴급 구호 자금을 우선 대위 변제해 주는 기능을 수행토록 했으면 한다. 특히 외국인 근로자의 소액 체불임금에 대해서는 우선 조사하여 해결했으면 좋겠다.

구호자금관리단은 먼저 소액 채권의 대위 변제 해당 여부를 엄격하고 신속하게 조사하여 우선 변제하고, 채권자는 긴급 구호 자금을 수령하는 대신 구호자금관리단이 법률구조공단과 협조하여 구상권을 발동

할 수 있도록 채권에 대해 일체의 권한을 동 기관에 넘겨주면 된다. 구호자금관리단은 구상권 행사가 가능한 금액은 환수하고, 구상권 행사가 불가능한 금액은 국가가 부담하여 결손 처분한다. 구상권 행사에 따른 법률 자문 및 법정 수행 업무는 법률구조관리공단에서 대행하면 좋을 듯하다.

긴급구호자금관리단 등 국가 기구를 설치할 경우 추가적인 법 제정이 필요하므로 관련 사업 추진에 상당한 기간이 소요된다. 따라서 우선 한시적으로 민간 기구 주관으로 추진하되, 구호 자금은 '사랑의 공동기금'이나 보건복지부 예산 등 국고에서 지원하는 방안도 병행 검토되었으면 한다.

소액 대출금에 대한 조기 상환 수수료 개선

| 2004년 9월 국민 제안

⦿ 조기 상환 수수료, 서민에게 너무 가혹한 돈

현재 은행 등 금융권에서 대출을 받은 사람이 대출 만기일 전에 대출금 전액이나 일부를 상환하려면 조기 상환 수수료를 물게 된다. 이는 은행 등 대출 기관과 맺은 약정서에 의거한 것이다. 조기 상환 수수료는 가뜩이나 어려운 서민들에게 추가 부담을 주고 있으며, 소액 대출을 받은 서민들에게 중도 상환의 길을 좁혀 신용 불량자가 양산하는 소지가 될 수도 있다.

현행 농협중앙회 퇴직급여 대출의 조기 상환 수수료율을 살펴보자. 대출 시행일로부터 3년 이내 상환하면서 대출 기간 만료일이 1년 이상 남아 있는 경우에는 상환 금액의 1.0%, 3년 이내 상환하면서 만료일이 1년 미만 남아 있는 경우에는 0.5%의 조기 상환 수수료율이 붙는다. 즉, 대출 기간 만료일이 많이 남을수록 더 높은 이자를 부담하고 있다.

조기 상환 수수료 개선에 대해 문의해 본 결과, 은행 등 금융권에서는 비협조적인 답변을 받을 수밖에 없었다. 조기 상환 수수료가 없는 대출 상품도 있으므로 고객들이 선택할 몫이라는 것이다. 하지만 이러한 상품의 경우 대출 이자가 더 높았다. 특히 외국계 은행들은 조기 상환 수수료 개선은 정부의 시장 간섭에 해당하고, 대출 기관의 수익성과 관련되는 사항이라는 이유로 현 제도 고수를 주장하고 있다.

◉ 서민 부담 경감하고 신용 불량 양산을 방지하는 효과

하지만 은행 및 주택 할부 금융 등에서 소액 대출까지 조기 상환 수수료를 적용하는 것은 분명 문제가 있다. 서민들에게 이중 부담을 안겨주기 때문이다. 소액의 서민 대출금에 대해서는 중도상환수수료제를 폐지 또는 대폭 인하하는 방안이 정책적으로 검토되기를 건의한다.

정책 금융에 의한 기금 대출의 경우는 금융기관의 전향적인 협조로 3천만 원 이하 소액 대출금에 대해 조기 상환 수수료를 면제하거나 인하하는 방안이 검토되고 있다. 또한 현행 약정서에도 대출금을 회수하는 경우, 대출 받은 자의 퇴직 · 사망 등의 사유, 대출실행일로부터 5년이 경과되어 중도 상환하는 경우에는 중도 상환 수수료가 면제되는 점은 참고해야 할 것이다.

이자 상환도 어려운 형편인데도 부득이하게 소액 대출을 받는 서민들도 많다. 이들이 어렵게 재원을 마련해 대출금을 상환하는 경우에는 조기 상환 수수료를 면제하거나 감면하여 부담을 덜어주어야 한다. 이런 서민을 위한 정책이 신용 불량자를 양산하지 않는 지름길이다.

정부종합청사 기자실 통합운영

| 1995년 10월 국민 제안

◉ 가뜩이나 부족한 정부종합청사 공간

정부종합청사 공무원의 근무 환경은 콩나물 시루에 가깝다. 국민의 안위를 위해 신설되는 내무부 재난관리국의 경우 어느 기구보다 기동성이 요구되는 조직인데도, 사무실 공간이 부족해서 종합청사 길 건너편에 있는 구 정부합동민원실이었던 가건물을 사용해야 할 정도다.

그 반면, 정부 각 부처 출입 기자들은 대체로 좋은 위치의 넓은 공간을 사용하고 있다. 정부종합청사 제 1 · 2청사에 중앙 기자실이 있고, 몇 개 부처에서는 부처별로 따로 기자실을 설치 · 운영하고 있다. 부처별 출입 기자들은 일반 공무원에 비해 비교적 넓은 공간에서 기사를 쓰고 휴식도 취한다. 기자실은 특정 일간지나 방송국 기자들만 이용할 수 있는 '특별한' 공간이다. 출입 기자단 자체의 간사를 두고 있으면서도, 이들의 전화 안내, 음료수 제공, 심부름 등 업무 뒷바라지를 위해 한두 명의 여직원이 배치되어 있다.

정부종합청사는 사무 공간이 너무 부족해 대부분의 부처가 여러 개 층으로 분산되어 있다. 외무부는 7개 층으로, 내무부는 5개 층으로, 직원 수가 50명이 안 되는 정무1장관실은 3개 층으로, 정무2장관실은 3개 층으로 분산 배치되어 있어 효율적인 업무 수행에 지장을 주고 있다.

⊙ 기자실 운영에 따른 부정적 요소들

부처별 기자실 운영에 필요한 인건비와 수용비 등은 해당 부처의 예산에서 지출된다. 가끔 간부급 공무원들과의 비공식적 만남이 자행되고 있어 빈축을 사기도 한다. 기자실이 업무 공간이 아니라 그들만의 휴게실이란 인상도 가끔 받는다.

출입 기자단과 간부 공무원과의 유대 강화는 업무 추진과 정책 홍보에 도움이 되는 순기능적인 측면도 분명히 있다. 그런데도 간부급 공무원들이 돌아가면서 기자들에게 점심을 접대하는 등 공무원의 출세 수단으로 변질되고 있는 느낌이 들 때도 있다. 해당 부처의 공보관이나 공보과장의 능력 평가는 이들과의 인간관계나 유대 정도에 의해 결정되고 있다는 애기가 나올 정도다. 장 · 차관급 공무원들은 기자실 운영에 과도한 신경을 쓰는 것 같다.

⊙ 기자실을 통합 운영하고 각 부처 사무실을 우선 배치해야

정부 제 1 · 2청사별로 통합기자실을 운영하였으면 한다. 청와대, 국회, 대법원도 하나의 기자실을 운영하고 있다. 부처별 통합 운영이 불가능하다면 부처의 사무실 배치를 우선하고, 지하실 등 나머지 공간을 기자실로 활용해야 할 것이다. 정책 홍보 통로가 줄어들 수도 있겠지만, 기자 접대나 유대 증진에 신경을 쓰는 것보다 더 많은 시간을 업무에 전념할 수 있고 예산 절감 효과도 기대된다. 통합 운영되는 기자실은 명실상부한 프레스센터의 역할을 수행해야 한다. 모든 언론인의 자유로운 출입을 허용하여 기자의 특권 의식을 없애는 데도 한몫할 것이다.

‘불가원 불가근(不可遠不可近)’

필자가 1995년에 올린 이 제안은 문민정부 당시 제안된 내용으로 12년이 지난 2007년도 참여정부 막바지에 가서 일부 현실화되는 것처럼 보였다. 당시 국정홍보처가 이 제안보다 훨씬 강화된 내용으로 ‘취재지원선진화방안’ 사업을 추진하였고, 기자실을 통합 운영하는 과정에서 언론과 큰 마찰을 빚었다. 그러다 2008년 새 정부가 들어선 5월부터 다시 행정안전부 등 일부 부처별로 기자실이 부활되는 것을 보면, 정부와 언론과의 관계는 ‘불가원 불가근(不可遠不可近)’이라는 말의 의미를 되새겨 보게 된다.

공무 항공마일리지의 캐시백 제도 도입

| 2005년 1월 행정자치부에 제안

⊙ 공무 항공마일리지 어떻게 쓰이나?

현재 공무원의 업무상 출장 시 축적되는 항공마일리지는 개인이 활용하고 있으며, 이를 규제하는 관련 규정은 없다. 이에 대해 공무원행동강령 7조(공무원의 공무 활동을 위한 예산의 목적 외 사용 금지)를 확대 해석하여 사용 금지할 수 있다는 의견도 있다. 국가 예산 지출에 따른 부수적 편익을 개인이 사용해 국민들에게 공직 사회의 특혜로 비추어진다는 것이다.

공무상 발생하는 항공마일리지의 캐시백 제도를 도입하기 위해 항공사에 가능 여부를 타진해 보았다. 항공사 측은 "항공마일리지는 해당 개인이 마일리지를 사용하지 않는 부문도 예상해서 제공하는 일종의 항공 상품"이라며 "공무 항공마일리지에 대한 캐시백 제도는 항공사 수지 악화를 초래하고, 현재도 적립된 마일리지에 대해서는 좌석을 업그레이드 시켜 주는 등 공무원 개인이나 그 가족이 사용하고 있다."며 반대하는 입장이다. 참고로 2003년 중앙 부처 공무원이 이용한 항공료는 대한항공 213억 원, 아시아나항공 73억 원으로 총 286억 원이다. 마일리지를 현금화 했을 경우 항공료의 12.8%에 해당하는 37억 원 정도 추정된다. 공무 항공마일리지 문제는 2004년 국정감사에서 지적된바 있으나 개선되지 않고 있다.

◉ 공무 항공마일리지는 공적으로 쓰여야

미국연방정부 여행지침(Federal Travel Regulation)에 의하면 '공무 출장자가 받는 promotional benefit은 정부의 자산'이라고 규정하고, 공무 출장에 대한 사적인 사용을 금하고 있다. 국내의 삼성그룹 경우 회사 경비에 의한 마일리지는 지금까지 직원 개인이 사용하고 있으나, GE등 외국 선진 기업과 같이 '기업 마일리지' 제도를 도입하여 마일리지를 회사에 귀속시키는 방안을 검토 중이라고 한다.

우리 공무원 사회에서도 항공마일리지를 공적으로 사용할 수 있도록 제도화해야 한다. 먼저 공무원이 국외 여비를 신청할 경우 항공마일리지를 차감한 금액을 신청토록 하고, 장기적으로는 항공사와 해당 부처가 계약을 체결하여 적립된 마일리지는 다음 해 국내외 공무 여행 시에 사용토록 제도화시켜 나가야 할 것이다. 참고로 미국의 United Way 사 사례와 같이 항공사와 복지 단체의 '사랑의 모금' 계약 체결로 적립된 마일리지의 일정 비율에 상응하는 금액을 불우 시설 복지 기금으로 사용하는 방안도 검토해 볼 필요가 있겠다.

■ 달라진 항공마일리지 제안

'부패방지 및 권익위원회 설치와 운영에 관한 법률 제8조(공직자 행동강령)' 및 '공무원 행동강령 13조(공용물의 사적사용 · 수임의 금지)의 규정'에서 "공무원은 관용 차량, 선박, 항공기 등 공용물과 예산의 사용으로 제공되는 항공마일리지, 적립포인트 등 부가서비스를 정당한 사유 없이 사적인 용도로 사용 · 수임해서는 아니된다."고 2009년 2월 1일부터 제도화 되었다.

비닐 없는 봉투 사용 생활화

| 1997년 3월 환경부에 제안

◉ 비닐 붙은 '창봉투'는 분리수거하기 어려워

요즘 배달되는 각종 고지서나 우편물에는 수취인 주소가 보이는 부분에 투명 비닐이 붙은 봉투(속칭 '창봉투')가 많이 쓰인다. 이것은 우편물의 수취인 주소를 봉투가 아닌 내용물에 인쇄할 수 있는 편리함 때문에 갈수록 사용이 확대되고 있다. '창봉투'는 종이에 붙은 비닐을 제거해야만 종이로 분류하여 버릴 수 있고, 재활용도 가능하다. 그러나 많은 사람들이 이 사실을 알지 못하거나, 알더라도 번거롭다는 이유로 그냥 버리게 되어 분리수거와 재활용에 애를 먹고 있다.

◉ 비닐 없는 봉투 사용을 생활화하자

'비닐 없는 봉투 사용하기'에 공공기관(세무서, 조달청), 정부투자기관(한국통신, 의료보험관리공단) 등이 솔선수범하고 언론이나 시민운동으로 이를 확산시켜야 한다. 또 금융기관이나 대형 유통업체에 이의 당위성을 설명한 후 협조를 당부하고, 창봉투 제작 업체의 전업 등을 유도하는 것도 병행 추진해 나가야 된다.

전산 출력 시 '요금 후납' 등을 표시, 내용물 겉표지 자체를 규격 봉투화하되, 좌우상하에 약간의 풀 붙이는 곳을 만들어 종이를 접는 형식의 봉투 사용이 확대되었으면 한다.

고속버스 운행 제도 이렇게 바뀌었으면

| 2006년 11월 국민 제안

⊙ 고속버스도 신용카드 결제가 되어야

서울고속터미널(주)의 경우 카드결제시스템을 가동해 인터넷으로 수시로 예매가 가능하도록 운영되고 있으나, 동서울터미널과 남부터미널은 은행 계좌 납부 예매 시스템으로 오전 9시부터 오후 4시까지만 운영되고 있어 다소 불편하다. 서울고속터미널(주)은 고객 확보라는 경영 마인드를 가지고 적극 추진하고 있으나, 동서울 및 남부터미널 측은 카드 결제 수수료 때문에 카드사와 협의가 마무리되지 않아 시행하지 못한다고 한다. 앞으로 전국버스연합회 등을 통해 조속한 시일 내 카드 결제 시스템을 자율 추진하도록 행정 지도를 펼쳐나가야 할 것이다. 지하철과 택시 요금의 경우에도 카드 결제가 되고 있는 상황을 눈여겨봐야 한다.

⊙ 버스 도착 시간 안내 체계도 갖추었으면

고속버스 터미널의 하차장에는 마중 나온 사람들이 도착시간을 몰라 우두커니 수십 분 내지 수 시간을 기다리는 경우가 많다. 특히 시골 부모님을 마중 나온 자식들로 차량의 주 · 정차 시간이 길어 교통 혼잡을 유발시키고, 주차 요금을 부담하면서 마냥 기다리는 불합리한 점도 있기 때문이다.

서울 시내버스의 도착시간 안내 시스템ARS 처럼 정류장에서 안내 방송이나 자막을 통해 버스 도착 시간을 알려 주는 시스템이 구축되었으면 한다. 이는 위치확인시스템GPS을 기반으로 운행상황을 실시간으로 파악하여 배차 간격, 주행 시간, 운행 상태 등을 알려 주는 버스관리시스템BMS의 사업 일부로 추진이 가능할 것이다. 청주시는 2006년 10월부터 시내버스 운행정보시스템BIS을 가동 중이라고 한다.

고속버스운송지원시스템(가칭)을 가동하여 노선 관리, 정류장 관리, 데이터베이스 관리 등의 유기적인 협조로 노선 변경에 따른 신속한 업데이트를 통해 통합 현장 관리에 역점을 둘 필요가 있겠다.

◉ 버스 배차 시간의 탄력적 운행은 안 될까

기차나 비행기, 승용차 이용객 증가로 고속버스 승객은 상대적으로 줄고 있는 상황이다. 그러나 주요 도시 간 고속버스의 배차 간격은 5~10분이고, 장거리일 경우 30분 정도다. 평일 낮 시간대에는 버스 한 대에 보통 5~6명의 승객으로 운행하는 경우가 허다하여 거품 운행을 해도 무대책인 실정이다. 운전기사의 말을 들어 보면 기름값과 제반 경비, 인건비를 충당하기 위해서는 우등 고속버스는 10명 이상, 일반 고속버스는 15명 이상의 승객이 있어야 된다고 한다.

고속버스의 계절별 탄력적 운행에 대해서 건설교통부는 "현재 운행 횟수는 30% 범위 내 증감할 수 있도록 되어 있으나, 운수 사업자가 경영 차원에서 조절하고 있다."며 이에 대해 관여하기 어렵다는 입장이다.

충분한 홍보가 있으면 현재 10분 이내인 버스 배차시간을 15~20분

정도로 늘려 운행해도 큰 불편은 없을 것이다. 따라서 배차 간격을 탄력적으로 운행하도록 행정 지도 등을 통해 개선하는 방안을 추진할 필요가 있다. 버스 운송 업체도 요금 인상에 앞서 배차 간격 조정으로 경영합리화 노력이 필요할 것이다. 이렇게 되면 버스 이용객도 더 늘어나고 자원과 예산 낭비의 요소도 줄일 수 있다.

평상 근무 시 자율 복장 고위직 솔선수범

| 2004년 9월 국민 제안

⊙ '공무원 = 정장' 딱딱한 고정관념에서 벗어나자

공무원은 '정장에 넥타이' 차림을 해야 한다는 고정관념에서 벗어나자. 국가 행사나 의전 행사 등 특이한 상황이 아닌 평상시에는 자유 복장으로 근무함으로써 '정부미'라는 인상을 탈피하고 근무 능률을 향상시켰으면 한다. 경축일에는 정장도 검정색이나 감색으로 하지 말고 좀 더 밝은 색을 입도록 권장하자. 공직 사회의 이런 작은 변화는 민간 기업에도 파급효과가 클 것이다.

중 · 고교 교복을 폐지하고 복장 자율화를 할 때 얼마나 많은 논란이 있었는가. 교복이 폐지된 지금 별다른 문제점은 노출되지 않고 있다. 물론 일부 학교에서는 학부모의 동의를 얻어 다시 교복을 입는 학교도 있기는 하지만 이는 어디까지나 학교장의 재량이다. 그런데 중 · 고교 교복 착용을 폐지시킨 장본인인 공무원은 정작 정장이 관행화 되어 있다.

⊙ 민원 창구 공무원부터 자율 복장으로 근무했으면

공무원이 자유로운 복장으로 국민과 스스럼없이 논의하는 모습을 보여야 국민과의 거리감도 줄어들 것이다. TV에서 인도네시아 대통령 출마자가 자유로운 복장으로 기자 회견을 하는 모습이 참 좋아 보였다. 민원 창구 공무원부터 자율 복장으로 민원인과의 벽을 허물어 갔으면 한다. 자율 복장 실천은 고위직 공무원부터 모범을 보이면 그 전파 속도는 엄청나게 빠를 것이다. 또한 사고의 전환에 맞춰 패션 문화도 바뀌면 또 다른 변화를 가져올 것이다.

특히 외국 바이어를 상대하는 공무원이나 회사원들은 자유로운 복장 근무가 훨씬 좋을 듯하다. 자유 복장 근무는 경제적 부담을 줄이는 효과도 가져올 수 있을 것이며, 훨씬 친근하고 가까운 모습으로 보일 수 있다. 일반 기업의 노사정 교섭의 경우에도 회사 측이나 정부 측의 복장은 대부분 딱딱한 양복차림이고, 노조 측의 복장은 붉은 띠에 구호가 적인 조끼를 입고 대화하고 있다. 좀 더 부드럽고 밝은 색의 옷을 입고 협상한다면 격의 없고 동등한 위치에서 대화가 되지 않을까 생각된다.

자동차 보험료의 유류 부가 제도화 검토

| 1993년 3월 행정쇄신위원회에 제안

⊙ 보험 가입자만 부담이 늘어나는 제도는 개선되어야

현행 자동차 보험은 종합 보험 미가입자가 많으므로 상대적으로 보험 가입자만 부담이 늘어나는 결과를 초래한다. 보험 배상을 둘러싸고 피해자와 피보험자는 제대로 혜택을 받지 못하는 반면 보험회사, 손해 사정인, 변호사, 지정 병원 등만 이익을 보게 되는 모순이 자주 발생한다. 1993년 종합 보험 미가입율은 20.3%로, 20~30만 원 미만의 접촉 사고인 경우 보험 처리를 하게 되면 사고 차량으로 보험금이 할증되는 잘못된 체계로 운영되고 있다.

⊙ 운행한 만큼 보험료를 지불하는 방안은 없을까

자동차는 달리는 만큼 사고 발생 비율이 높다. 따라서 운행한 만큼 보험료를 많이 지불하는 유류대 부가 징수가 적극 검토되어야 한다.

유류(가스) 판매처를 특별 징수 의무자로 하여 유류 판매 시 특별소비세와 함께 보험료도 징수하고, 보험 회사는 손해배상에만 전념하도록 하는 방안이다.

보험 가입자 입장에서는 푼돈이어서 목돈 부담이 경감된다. 운행 차량은 자동적으로 보험 가입의 효과가 발생되는 국민계보험 성격이므로 보험료가 대폭 줄어들 것이다. 고급 차량과 휘발유 소비 차량의 경우 유류 소비량이 많고 유류 가격도 높아지므로 보험료 부담이 자동적으로 늘어나 교통량을 감축시키는 경제적 효과도 볼 수 있다. 또한 보험 회사 경우 보험료 징수 비용이 거의 들지 않고 보험금 미납 사례가 없어지게 될 것이다. 사고를 당한 피해자 입장에서도 보상 절차가 간편해지고, 뺑소니 차량이나 소규모 접촉 사고의 피해 보상도 가능해진다.

⊙ 보험 관련 업자 및 택시 · 용달업에 대한 대책은 마련

자동차 보험료의 유류 부가 제도가 시행되면 기존 보험 영업 사원의 생계에 지장을 초래하는 대규모 실직의 우려가 있다. 따라서 충분한 홍보 기간을 두고 실행해야 한다. 이들에게 전업의 기회를 부여하고 자동차 이외의 보험 상품 개발을 권장해야 한다. 또한 운행량이 비교적 많은 버스, 택시, 화물차는 물류 비용이 증대할 우려가 있으므로 휘발유 · 경유 · 가스 등 유류 종류별로 부담 비율을 조정하거나 버스 등 대중교통에 대한 보전 대책 등 충분한 검토가 이뤄져야 한다.

⊙ '나이롱 환자' 발생을 제도적으로 막아야

자동차 보험료의 유류 부가 제도를 조기에 정착시키려면 보험료의 유류부담을 대폭 줄여나가야 한다. 이를 위해서는 교통사고 환자의 90% 이상이 '나이롱 환자'로 보험금이 줄줄 새고 있다는 지적에 대한 개선책도 아울러 검토되어야 한다.

일본의 경우처럼 교통사고는 크든 작든 경찰에 의무적으로 신고하고 사고 전말을 확인토록 해야 한다. 이렇게 되면 사고 원인을 제대로 규명할 수 있다. 또 제 발로 걸을 수 없을 정도의 환자에 한해 입원 자격을 부여하는 등 입원 기준을 강화하면 통원 환자에 대해서도 보험금 지급 기준을 완화해 줄 수 있다. 무엇보다 보험 회사와 병원, '나이롱 환자'가 담합하는 보험료의 누출현상은 막아야 한다. 보험금을 노리는 양심 불량 병원에 대한 철저한 단속과 나이롱 환자의 양산을 근본적으로 막을 수 있는 제도를 검토해야 한다.

불법 광고 없는 쾌적한 지하철을 만들었으면

| 2007년 8월 국민 제안

◉ 불법 광고지가 넘쳐 나는 지하철

각종 불법 광고지 및 전단지가 지하철 벽면에 끼어 있어 보기에 흉하다. 불법 광고물은 다양한 크기의 칼라 인쇄물, 흑백 복사용지, 명함 등 그 형태도 다양하다. 유형별로 보면 포커 · 바둑 · 복권 등의 게임 광고, 퇴직자 우대 · 단순 사무 및 사무 보조 · 기독교인 우대 등의 모집 광고, 1분 내 즉시 입금 · 무방문 · 신불자 가능 등의 대출 광고, 역술 강의 · 결혼 상담 · 여대생 마사지 · 난치병 치료 · 신령한 빛 · 수맥 차단 등 대부분 비정상적이고 선정적인 광고들이다.

이러한 불법 광고 전단지는 지하철 내 환경을 지저분하게 만들 뿐 아니라 선량한 서민들을 유혹에 빠트려 인생을 망치게 할 가능성도 있다.

◉ 과태료 부과 등 제재 방안 추진해야

불법 광고 전단지에 대한 과태료 부과 방안을 마련해야 한다. 도시철도법이나 서울시 조례에 과태료 부과 징수 근거를 두어야 할 것이다. 이를 지하철 광고란을 통해 3개월 간 사전 고시를 하고, 그 뒤 지하철 관계 기관이 공동으로 참여해 광고 전단 및 불법 행위 현장을 점검하는 등 단속을 강화해야 한다.

과태료에 대한 구체적인 방안으로는 노선별 적발 일수(건수)에 비례해 1회(1일) 과태료 부과 기준을 적용해야 한다. 예를 들면 1, 4호선에 불법 광고물을 부착할 시 1회(1,000매 적용)×2개 선로≒200만 원 정도를 부과하면 어떨까? 참고로 강남구청은 기초 질서 확립 일환으로 전봇대 불법 광고 부착 시 과태료 부과를 조례로 제정해 좋은 효과를 거두고 있다.

지하철 '노약자 · 장애인 보호석' 위치를 중앙으로

| 2007년 5월 희망제작소 사회창안센터에 제안

⊙ 우대라기보다는 옆으로 밀려 난 느낌

지하철 객차의 앞 · 뒤에는 노약자 · 장애인 보호석이 있다. 말 그대로 몸이 불편한 노인과 임산부, 장애인을 위한 자리다. 이 좌석은 비어 있어도 젊은 사람들은 잘 앉지 않는 문화가 조성되어 있다. 그러나 이 좌석들은 객차의 앞 · 뒤 맨 끝에 위치해 우대라기보다는 옆으로 밀려 나 소외된 느낌을 준다. 잡상인 등이 연결통로로 들락거리는 사례가 많아 문을 닫아야 하는 번거로움과 바람을 피해야 하는 불편함도 있다. 또한 경로석이 양측에 있다는 이유로 일반 좌석은 양보하지 않는 경우도 많아 미풍양속이 사라지는 느낌이다. 비상시 통화 장비와 소화기가 노약자석 옆에 비치되어 있어 돌발 상황 발생 시 노인들로서는 신속 대응이 어려울 거라는 생각도 든다. 참고로 우리나라 노인 인구는 2004년 417만 명(전체 인구의 8.7%)에서 2019년 731만 명(14.4%), 2026년 1,011만 명(20.0%)로 늘어날 전망이다.

⊙ 시범 실시 후 여론조사를 통해 확대되었으면

노약자 · 장애인 보호석 위치를 객차의 중앙으로 조정하면 시민 · 학생 및 자녀들에게 경로사상을 제고시킬 수 있겠다. 또 노인이나 장애인들도 객차 가운데 함께 있으면 배려받는 기분을 느껴 보다 편안하게 자리에 앉을 수 있을 것이다. 노인 인구 증가로 부족해진 경로 우대석 숫자도 현행 9~12석에서 14석으로 늘릴 수 있다.

시행에 예산이 많이 든다고 하면 신설되는 지하철부터 시범적으로 적용하면 된다. 차제에 좌석의 명칭도 '노약자 배려석' 보다는 '우대석' 등 긍정적인 명칭이 사용되었으면 한다. 참고로 일본 도쿄의 지하철은 노약자석을 '우선석優先席'이라 표현하고 있다.

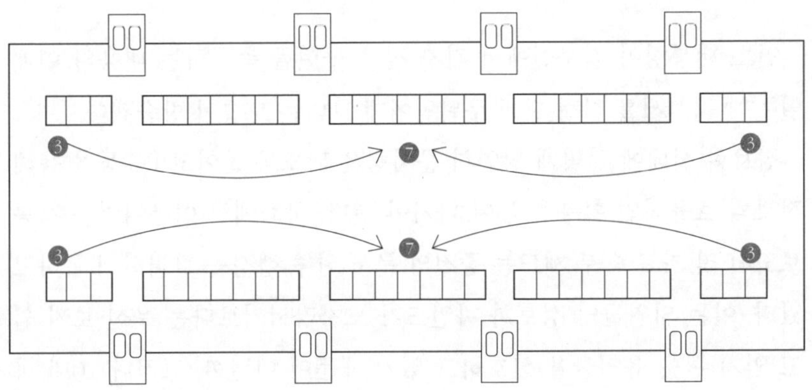

변화하고 있는 지하철 노약자 보호석

2009년 6월, 일부 지하철에서 달라진 노약자 보호석을 발견했다. 일반 좌석 사이에 노란색 바탕의 노약자석 6석이 추가로 설치된 것을 봤다. 이런 변화는 노약자와 보호자가 함께 앉을 수 있도록 배려한 좋은 시책이라고 생각된다. 앞으로 노약자의 중앙 배치가 더욱 확신되기를 바란다.

투고 및 기고를 통한 제안

정부의 국회 송부 자료 자료방 활용 제도화

| 〈국회보〉 2000년 6월

연초 대통령이 집무실에서 전자 정부 구현을 촉구하는 내용의 이메일E-mai 지시서를 직접 전 국무위원에게 보내는 모습이 방송됐다.

정보화 시대에 걸맞게 당연히 문서량은 되도록 줄이고 PC 등을 통해 정보의 효율적인 활용을 높여 나가야 한다. 국회에서 이루어지는 각종 보고서 및 자료 송부 제도는 종전의 문서 위주 행정을 탈피하지 못하고 있다. 이는 의원들의 정보화 마인드가 모자라서기보다는 우선 보기 쉽고 얻기 쉬운 유인물을 선호하고 있기 때문이 아닐까. 그러나 16대 국회부터는 자그마한 것부터 변화를 가져와야 한다는 생각에서 국회의 문서 감축과 관련한 제도의 개선을 제안하고자 한다.

◉ 제도 개선 사례 요지

개정된 국회법 제98조의2에 의하면, 대통령령 등 행정입법에 대한 효율적인 통제를 위해 상임위는 국회에 제출된 소관 행정입법의 상위법률 위반 여부 등을 검토하고 그 내용을 중앙행정기관의 장에게 통보할 수 있도록 개정됐다. 이로 인해 연간 1,000여 건에 달하는 행정입법 등의 제 · 개정안(안건당 80여 부)을 국회에 송부토록 되어 있다.

법률안의 경우 신중한 심사가 필요하나 행정입법 심사의 경우는 입법 활동 차원보다는 행정부의 통제 차원이므로 시간적 여유를 갖고 심사가 가능하다. 또 법령안 심사와 달리 상임위 및 상설소위 회의장에는 별도의 안건을 준비하지 않고 의원들이 정부에서 가칭 '자료방'을 통해 송부된 자료 등을 사전에 검토하여 심사가 가능하다고 판단된다.

행정입법 제 · 개정시 정부 명의로 국회 의사국에 제출되어 있으므로, 동 자료 송부에 따른 1주일 정도의 시일이 더 소요되는 것으로 보여진다. 의사국 의안과는 법령안의 처리에도 손이 모자라는 실정이므로, 동 자료 송부는 해당 부처에서 해당 상임위로 직접 송부토록 함으로써 심사 업무의 효율성을 제고시킬 필요성이 있다고 여겨진다.

한편 국정감사및조사에관한법률 제16조에 의하면 대부분의 수감 기관은 국감 후 국정감사처리결과보고서(기관당 400부)를 국회에 보고토록 되어 있고, 정부투자기관관리기본법 제6조에 의하면 13개 정부투자기관은 매년 경영실적보고서(기관당 400~450부)를 연 1회 국회에 제출토록 되어 있다. 이에 따른 인력 예산이 과다 소요되고 물자 낭비를 초래하고 있다고 생각된다.

국감 후의 국정감사결과보고서나 연차보고서 활용 실적이 적어 많은 양의 자료가 그대로 휴지화되는 경향이 있다. 특히 의원의 임기 말에 제출되는 자료는 그 활용도가 더욱 미미하다고 생각된다.

위와 같은 사항을 개선하기 위해서는 행정부에서 국회에 자료를 송부할 때 공문과 함께 최소한의 부수(20부 이내)와 자료방을 찾는 요령을 송부하거나, 이메일 송부 또는 전산 자료 송부로 갈음토록 제도를 개선함으로써 정부의 대국회 송부 자료를 대폭 줄여나갈 수 있을 것이다. 또한 국회가 정부에서 이송된 자료를 '국회종합정보시스템'에 게재하여 활용하는 방안도 검토될 수 있다고 생각된다.

따라서 '행정입법의 자료방' 활용 제도를 실시해 보고, 이를 통해 문제점을 보완시켜 나가면서 점차 국감처리결과보고서, 경영실적보고서 및 연차보고서 등도 '자료방' 활용 제도로 개선 확대 실시하는 방안이 검토되어야 한다. 만약에 '자료방' 활용 제도에 문제점이 있을 경우에는 대국회 송부 부수를 50부 정도로 축소하는 방안 등 제출 부수를 최소화할 필요가 있다고 생각된다.

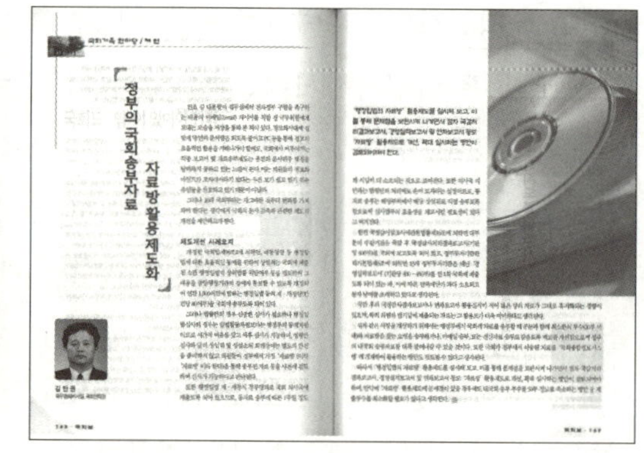
「정부의 국회송부자료 자료방활용제도화」

정부의 국회송부자료 자료 활용 제도화(국회보, 2000. 6)

대정부질문자료를 의원 홈페이지에 게재해 주었으면

| 〈국회보〉 2000년 8월

먼저 새로 발간된 국회 수첩에 의원님들의 홈페이지가 게재된 것을 환영한다. 16대 국회부터는 본회의 대정부질문제도가 종전의 일괄 질의 일괄 답변 방식에서 모두冒頭 질문을 마친 후 일문일답에 의한 보충질문을 하는 방식으로 바뀌었으나 본회의 시 국회의장이 정부에 질문시간 48시간 전에 질문요지서를 작성 · 송부토록 되어 있는 제도(국회법 제122조의2)는 바뀌지 않았다.

기대를 걸었던 일문일답에 의한 대정부질문도 종전과 별로 변화된 모습은 보이지 않았으며 이를 준비하는 각 부처는 더욱 바빠진 모습이다. 각 부처 직원들은 대정부질문이 있으면 밤늦도록 의원회관을 맴돌면서 질문서 내용을 입수하려고 애를 쓰고 때로는 친분이 있는 사람 등을 통하는 등 이를 구하기 위해 안간힘을 쓰고 있다.

의원들도 질문서 작성에 여념이 없는데 이를 구하려고 의원회관을 찾는 행정부 공무원들 때문에 업무에 방해를 받고, 심지어는 이를 피하려고 무더운 밤인데도 회관문을 걸어 잠그고 일하거나 회관이 아닌 다른 장소에서 이를 작성하는 사례도 있다. 이때 각 부처에서는 수많은 공무원들이 할 일이 없는데도 혹시나 자기 소관 질문이 있을까 봐 밤이 늦도록 기다리는 진풍경을 볼 수 있으며 소관 질문이 없는 사람은 기다리다가 귀가하는 비효율적인 요소가 너무 많다.

일문일답제의 도입으로 각부 장관은 대정부질문에 대해 과거보다는 몇 배의 사전 준비가 필요하게 되어 이를 준비하느라고 행정부 직원의 국회 대비 업무량도 많이 늘어났음에도, 국회의 관행은 그대로 두고 행정부에 대한 국회의 기능만 강화한 것은 형평에도 맞지 않고 효율성도 적다는 지적이 제기되고 있다.

이제 일문일답에 의한 보충질문 제도가 있는 만큼 모두질문에 대한 질문서는 적어도 대정부질문 24시간 이전에 의원 수첩에 있는 홈페이지에 게재하면, 정부 측은 충실한 답변 준비가 가능하고 업무의 효율성도 높일 수 있을 것이다. 의원들도 업무 수행에 방해를 받지 않고 업무를 볼 수 있을 것이며, 언론사나 국민의 알 권리 충족에도 기여하리라 여겨진다.

생산적인 국회 운영이 되기 위해서는 대정부질문서 모두질문의 의원 홈페이지 게재가 제도화되고 관행화되기를 기대한다. 아무쪼록 중앙청사, 과천청사, 대전청사 사무실이 대정부질문으로 생산성 없이 형광등 불빛만 켜놓고 밤을 지새우는 현상이 없어지기를 바라는 순박한 희망 사항이 묵살되지 않기를 바라는 마음뿐이다.

대정부질문자료를 의원 홈페이지에 게재해 주었으면

김 만 권
국무총리비서실, 국회연락관

먼저 새로 발간된 국회수첩에 의원님들의 홈페이지가 게재된 것을 환영한다. 15대 국회부터는 본회의 대정부질문제도가 종전의 일괄질의 일괄답변방식에서 冒頭질문을 마친 후 일문일답에 의한 보충질문을 하는 방식으로 바뀌었으나 본회의시 국회의장이 정부에 질문시간 48시간 전에 질문요지서를 작성·송부토록 되어있는 제도(국회법 제122조의2)는 바뀌지 않았다.

기대를 걸었던 일문일답에 의한 대정부질문도 종전과 별로 변화된 모습은 보이지 않았으며 이를 준비하는 각 부처는 더욱 바빠진 모습이다. 각 부처 직원들은 대정부질문이 있으면 밤늦도록 의원회관을 맴돌면서 질문서 내용을 입수하려고 애를 쓰고 때로는 친분이 있는 사람 등을 통하는 등 이를 구하기 위해 안간힘을 쓰고 있다.

의원들도 질문서 작성에 여념이 없는데 이를 구하려고 의원회관을 찾는 행정부 공무원들 때문에 업무에 방해를 받고, 심지어는 이를 피하려고 무더운 한여름에도 회관문을 걸어 잠그고 일하거나 회관이 아닌 다른 장소에서 이를 작성하는 사례도 있다. 이때 각 부처에서는 수많은 공무원들이 할 일이 없는데도 혹시나 자기 소관 질문이 있을까봐 밤이 늦도록 기다리는 진풍경을 볼 수 있으며 소관 질문이 없는 사람은 기다리다가 귀가하는 낭비적이고 비효율적인 요소가 너무 많다.

일문일답제의 도입으로 각부 장관은 대정부질문에 대해 과거보다는 몇 배의 사전준비가 필요하게 되어 이를 준비하느라고 행정부 직원의 국회대비 업무량도 많이 늘어났음에도, 국회의 관행은 그대로 두고 행정부에 대한 국회의 기능만 강화한 것은 형평에도 맞지 않고 효율성도 적다는 지적이 제기되기도 한다.

이제 일문일답에 의한 보충질문제도가 있는 만큼 모두질문에 대한 질문서는 적어도 대정부질문 24시간 이전에는 의원수첩에 있는 홈페이지에 게재하면, 정부측은 충실한 답변준비가 가능하고 업무의 효율성도 높일 수 있을 것이고, 의원들도 업무수행에 방해를 받지 않고 업무를 볼 수 있을 것이며, 언론사나 국민의 알 권리 충족에도 기여하리라 여겨진다.

생산적인 국회운영이 되기 위해서는 대정부질문시 冒頭질문의 의원홈페이지 게재가 제도화되고 관행화되기를 기대한다. 아무쪼록 중앙청사, 과천청사, 대전청사 사무실이 대정부질문으로 생산성 없이 형광등 불빛만 켜놓고 밤을 지새우는 현상이 없어지기를 바라는 순박한 희망사항이 묵살되지 않기를 바라는 마음뿐이다.

대정부 질문 자료를 의원 홈페이지에 게재해 주었으면(국회보, 2000.8)

음지에 핀 들꽃이 아름다운 이유

| 〈속기계〉 2008년 8월

2년여 동안 국무총리실 연락관으로서 국회에서 생활하다 보니 회의장 어디에서든 자리를 지키고 있는 속기사 여러분들이 고맙고 정겹게 느껴지다가도 한편으로는 안타까운 마음도 든다.

파행으로 치닫던 국회가 어느날 갑자기 총무회담 등을 통해 회의 개최가 통보되면 오후 늦게 열리게 되는 본회의 · 예결위는 물론 수시로 열리는 특위 · 상임위가 숨돌릴 겨를 없이 돌아가는 와중에도 다음날 아침에는 임시회의록이 발간된다.

그 고생은 그렇다 치고 임시회의록 내용에 조그마한 티라도 있으면 이를 다그치고 또 그것을 다 받아 내야 하는 모습을 상상하면 속기사들의 애로와 고충을 그 누가 알아 줄까 싶고, 속기록 가운데 '- · - · , 장내 소란' 등의 내용을 보면 그 고충은 능히 짐작하고도 남는다.

회의가 끝난 직후 속기사로부터 정부 측 답변 내용 중 정확하지 않은 부분에 대한 확인 요청을 받는 경우가 있다. 원고대로 많은 분량을 장시간 읽는 형태로 답변하다 보니 발음이 부정확할 수도 있고 아예 내용을 잘못 읽는 경우가 발생할 수도 있다. 그냥 넘어갈 법도 한데 속기사들은 여지없이 전화해서 이를 지적해 낸다. 혹자는 속기사의 실력이 행정부 중견 간부 실력은 되는 것 같다고도 한다. 아마도 짠밥이 많아서일까. 어쨌든 경의를 표하고 싶다.

토론문화가 정착되지 못한 회의장에서는 가끔 설전이 벌어진다. 해당 의원의 질문이 진행 중인데도 끼어들면서 고성이 오고갈 때 어떻게 속기를 해야 할지 고심이 많을 것이다. 특히 전문 분야의 어려운 용어나 외래어를 속기하기란 여간 힘들지 않을 것이다.

속기사는 사초史草를 기록하는 역사의 증인이며 막중한 책임을 지고 있으므로 긍지를 가져야 할 것이다. 그리고 국회 속기사는 지방의회 등 다른 지역 속기사의 본보기가 될 뿐 아니라 우리나라 기록문화의 발전을 선도해 가는 막중한 책임도 가지고 있다고 본다. 그런데 아쉽게도 우리는 아직까지 기록의 중요성을 과소평가하는 경향이 있어 왔던 것이 사실이다.

'공공기관의 기록물 관리에 관한 법률'이 제정 · 시행되고 있는데도 아직까지도 이의 시행이 정착되지 못하고 있다. 국회 회의록은 아주 중요한 역사적인 자료임은 두말할 나위가 없을 것이다. 국회법 개정으로 소위원회의 의사도 속기방식으로 기록하여야 하고, 소위원회의 의결이 있어야 요지에 의한 기록을 할 수 있도록 하였다. 이와 같이 소위원회의 의사에 대해 회의록 작성을 강조한 것은 앞으로 상설소위원회의 활성화와 소위원회 회의의 공개를 통해서 입법과정의 투명성과 의안심의의 객관성을 강화한 취지로 볼 수 있어 이에 대한 이견은 없다.

그러나 속기업무가 이렇게 엄청나게 늘어나면 이에 대한 인력보충과 시스템이 보완도 뒤따라야 된다고 생각되는 현실은 전혀 딴판인 것 같아 속기사의 어려움은 물론 앞으로 속기업무 진행이 제대로 진행될지 걱정이 되기도 한다. 의원님들의 각별한 관심을 기대하고 싶다.

국회에서도 중앙행정 부처나 지방행정 부처와 마찬가지로 행정직에 비해 다른 직종, 속기직 · 기술직 등이 홀대를 받고 있다는 지적이 제기되기도 한다. 그러나 내가 본 속기사들은 각자 나름대로 어학공부는 물론 관련 분야의 전문지식이나 컴퓨터 공부, 심신수련 등을 위해 묵묵히 노력하는 사람들이 대부분이었다.

누가 알아주지 않아도 음지에서 묵묵히 자기계발을 위해 최선을 다하는 속기사들에게 마음으로나마 힘찬 응원을 보내면서 언젠가는 속기사들의 진면목을 발휘할 날이 올 것으로 굳게 믿는다.

속기사들 파이팅!

음지에 핀 들꽃이 아름다운 이유

음지에서 핀 꽃이 아름다운 이유(국회 속기계 제37호, 2000.8)

운전 적성검사제 획기적 개선 필요

| 한국일보 1995년 5월 29일

오는 7월부터 전국 어디서나 운전면허 적성검사를 받을 수 있고, 적성검사 기간이 지나도 1년 내에 신고하면 면허 정지 처분 대신 범칙금만 물면 되며, 무사고에 면허 정지 처분을 받지 않은 사람은 7년 동안 적성검사를 면제해주는 '녹색면허증'제가 도입된다고 한다. 민원인의 편의를 위한 획기적인 제도 개선이라고 생각한다.

그러나 적성검사 부분은 개선해야 할 점이 많다. 우선 손가락, 시력 색맹 검사로 구성된 신체검사는 신청자의 99.9% 이상이 '특이사항' 이 없는 것으로 나오는 형식적인 절차에 불과하다. 검사에 시료나 특수기술이 필요 없는데도 신체검사료는 1인당 4천 원을 받고 있다.

더욱이 오늘날 성인 대다수가 운전면허를 취득하고 있어서 적성검사 건수도 해마다 증가해 담당 기관도 폭주하는 업무량에 곤욕을 치르고 있다. 이번 개선안 중에는 정신병자, 간질병자, 농아, 맹아자의 경우 수시로 적성검사를 할 수 있다는 규정이 있다. 그렇다면 개선의 여지가 많다고 본다.

현재 적성검사 유효 기간을 10년 정도 연장하거나 일정 연령 이상인 자에 대해 5~10년 단위로 실시하는 방안도 가능할 것이다. 또 수년 후에 주민등록증, 의료보험증, 운전면허증 등을 통합하는 전자주민등록증이 도입될 경우 적성검사의 번거로움은 더해질 것이다. 운전 적성검사 제도를 폐지하는 대신 다른 보완책을 강구하는 것이 바람직하다고 생각한다.

오늘의사람들·소리

한국일보
1995년5월29일 월요일
제14596호

운전 적성검사제 획기적개선 필요

오는 7월부터 전국어디서나 운전면허 적성검사를 받을 수 있고, 적성검사기간이 지나도 1년내에 신고하면 면허정지처분대신 범칙금만 물면 되며, 무사고에 면허정지처분을 받지않은 사람은 7년동안 적성검사를 면제해주는 「녹색면허증」제가 도입된다고 한다. 민원인의 편의를 위한 획기적인 제도개선이라고 생각한다.

그러나 적성검사부분은 개선해야할 점이 많다고 생각한다. 우선 손가락 시력 색맹검사로 짜여진 신체검사는 신청자의 99.9%이상이 특이사항없는 것으로 나오는 형식적인 절차에 불과하다. 검사에 시료나 특수기술이 필요없는데도 신체검사료는 1인당 4천원을 받고 있다.

더욱이 오늘날 성인 대다수가 운전면허를 취득하고 있는 실정이어서 적성검사건수도 해마다 증가, 담당기관도 폭주하는 업무량에 곤욕을 치르고 있다. 이번 개선안중에는 정신병자 간질병자 농아 맹아자의 경우 수시로 적성검사를 할 수 있다는 규정이 있다. 그렇다면 개선의 여지가 많다고 본다.

현재 적성검사 유효기간을 10년 정도 연장하거나 일정연령 이상인자에 대해 5~10년단위로 실시하는 방안도 가능할 것이다. 또 수년후에 주민등록증 의료보험증 운전면허증등을 통합하는 전자주민등록증이 도입될 경우 적성검사의 번거로움은 더해질 것이다. 차제에 운전적성검사제도를 폐지하는대신 다른 보완책을 강구하는것이 바람직하다고 생각한다. 획기적인 제도 개선책을 기대한다.

【김만권·서울 도봉구 쌍문1동】

〈한국일보〉에 실린 독자투고

신설주행세 국고 편입은 '잘못'

| 세계일보 1995년 4월 28일

건설교통부가 취득 · 보유 중심의 현행 자동차 세수 정책을 사용자 부담 원칙으로 바꾸려는 것에 전적으로 찬성한다. 도로 손상이나 환경 오염 등에 소요되는 자동차 관련 세금은 연료 소비를 줄이도록 유도하는 편이 교통 혼잡이나 주차난 해소에 훨씬 합리적이고 효율적이기 때문이다.

납세필증 부착, 압류와 해제에 따른 과다한 민원, 해마다 늘어나는 체납세 등으로 행정 수요가 엄청난데다 최근에는 자동차세 선납에 따른 민원도 상당하다. 게다가 자동차 10부제 운행으로 세금만 물린다는 불평과 함께 자동차세 징수 공무원과 이와 관련된 각종 공무원 수가 크게 늘어 인건비 수요도 엄청나다. 주행세 전환이 이뤄지면 이런 제반 문제점이 일거에 개선될 수 있을 것으로 기대된다. 그러나 자동차 세수 정책 전환에 앞서 주행세의 지방세 전환을 적극 검토해줄 것을 건의한다.

첫째, 지자체가 본격 실시되는 상황에서 자동차 관련세는 지방세의 보편성에 가장 적합한 세목이다. 보통 지방 재정 자립도 향상을 위한 방안으로 국세의 지방세 이양을 들지만 보편성이 약한 세목을 이양할 경우 자치단체 간의 세수 격차가 더욱 벌어지게 된다.

둘째, 자동차세는 향후 지방 재정 부양에 실질적으로 기여할 수 있는 세목이다. 현행 지방세는 대부분 대장 과세 위주의 신장률이 낮은 세목으로 구성돼 있다. 지방 세수의 상당 부분을 담당했던 간접세인 담배소비세마저도 금연 운동의 확산으로 세수 전망이 별로 밝지 않다. 물론 국가 조세 수입 감소로 국도-고속도로 유지 관리 등에 소요되는 국고 부담액이 가중될 것이라는 반론이 있을 수 있다. 그러나 '주행세의 지방세화'는 지방 재정의 안정에 필수적이라는 인식에서 특별한 정책적 배려가 있어야 한다.

셋째, 지방 재정의 조정 효과도 있다. 예를 들어 행락철에 강원도에서 운행하는 서울 차는 강원도에 세금을 내게 되므로 지방 재정 조정효과를 기대할 수 있다.

넷째, 취득 · 보유세의 감축에 따른 지방 재정의 압박을 줄일 수 있다. 자동차세의 주행세 전환으로 전체 세금 부담이 늘어나지 않는 전제 아래 취득 보유세를 감축한다면 그에 따른 보전책도 당연히 뒤따라야 할 것이기 때문이다.

물론 주행세 수입의 일정 비율을 지방정부에 교부하는 방안을 검토해볼 수 있으나, 국세로 될 경우 교부금에 따른 국가의 간섭이나 영향력을 배제할 수 없고 지방자치단체의 재정 자립 기반 확보 기능이 반감될 수도 있다. 따라서 '자동차세의 지방세화'는 꼭 이뤄져야 하며 그 시기도 가능한 앞당겨져야 한다.

1995년4월28일 금요일

내가 보기에는

신설 走行稅 국고편입은 "잘못"

車 굴리는 지역에 세금납부 마땅… 지방세전환 검토를

김 만 권

〈정무장관실 행정사무관〉

건설교통부가 취득-보유중심의 현행 자동차 세수정책을 사용자부담원칙으로 바꾸려는데 대해 전적으로 찬성한다. 도로손상이나 환경오염등에 소요되는 자동차관련 세금은 연료소비를 줄이도록 유도하는 편이 교통혼잡이나 주차난 해소에 훨씬 합리적이고 효율적이기 때문이다.

납세필증 부착, 압류와 해제에 따른 과다한 민원, 해마다 늘어나는 체납세등으로 행정수요가 엄청난데다 최근에는 자동차세 선납에 따른 민원도 상당하다. 게다가 자동자 10부제운행으로 세금만 물린다는 불평과 함께 자동차세 징수공무원과 이와 관련된 각종 공무원 수가 크게 늘어 인건비수요도 엄청나다. 주행세전환이 이루어지면 이런 제반 문제점이 일거에 개선될 수 있을 것으로 기대한다.

그러나 자동차 세수정책 전환에 앞서 주행세의 지방세 전환을 적극 검토해줄 것을 건의한다.

첫째, 지자제가 본격 실시되는 상황에서 자동차관련세는 지방세의 보편성에 가장 적합한 세목이다. 보통 지방재정 자립도 향상을 위한 방안으로 국세의 지방세 이양을 들지만 보편성이 약한 세목을 이양할 경우 자치단체간의 세수격차가 더욱 벌어지게 된다.

둘째, 자동차세는 향후 지방재정 부양에 실질적으로 기여할 수 있는 세목이다. 현행 지방세는 대부분 대장과세위주의 신장률이 낮은 세목으로 짜여져 있다. 지방세수의 상당부분을 담당했던 간접세인 담배소비세마저도 금연운동의 확산으로 세수전망이 별로 밝지 않다. 물론 국가조세수입 감소로 국도-고속도로 유지관리등에 소요되는 국고부담액이 가중될 것이라는 반론이 있을 수 있다. 그러나 「주행세의 지방세화」는 지방재정의 안정에 필수적이라는 인식에서 특별한 정책적 배려가 있어야 하리라고 본다.

셋째, 지방재정의 조정효과도 있다. 예를 들어 행락철에 강원도에서 운행하는 서울차는 강원도에 세금을 내게 되므로 지방재정 조정효과를 기대할 수 있다.

넷째, 취득-보유세의 감축에 따른 지방재정의 압박을 줄일 수 있다. 자동차세의 주행세 전환으로 전체 세금부담이 늘어나지 않는 전제아래 취득-보유세를 감축한다면 그에 따른 보전책도 당연히 뒤따라야 할 것이기 때문이다.

물론 주행세수입의 일정비율을 지방정부에 교부하는 방안을 검토해볼 수 있으나, 국세로 될 경우 교부금에 따른 국가의 간섭이나 영향력을 배제할 수 없고, 지방자치단체의 재정자립기반 확보기능이 반감될 수도 있다.

따라서 「자동차세의 지방세화」는 꼭 이루어져야 하며 그 시기도 가능한 앞당겨져야 할 것으로 본다.

〈세계일보〉에 실린 독자투고

재외 교민 대책 마련할 교민청 설치 시급하다

| 중앙일보 1995년 4월 17일

지난 3월 시민단체 인사들의 해외 연수에 동참할 기회가 있었다. 유럽 몇 나라를 둘러보는 가운데 현지 교포들이 들려준 당부 사항을 전하면서 이들의 요구 사항이 빨리 해결되었으면 하는 바람에 글을 쓴다.

스웨덴의 경우 우리나라 입양 인구가 많고 교민 수도 8백여 명이나 되는데 한인학교 하나 없어 2세들이 모국을 잃어버리고 있는 현실이 몹시 안타까웠다. 예산이 부족하면 유럽 지역 3~5개국을 묶어서라도 한인학교를 설치하고 방학 기간을 이용해 모국에 대한 여러 가지 사항을 가르쳐야 한다.

프랑스는 아프리카와 아시아 후진국들조차 자국의 유학생을

在外교민대책 마련할

교민청 설치 시급하다

지난 3월 시민단체 인사들의 해외연수에 동참할 기회가 있었다. 유럽 몇나라를 둘러보는 가운데 현지 교포들이 들려준 당부사항을 전하면서 이들의 요구사항이 빨리 해결되었으면 하는 간절한 바람에 글을 쓴다.

스웨덴의 경우 우리나라 입양인구가 많고 교민수도 8백여명이나 되는데도 한인학교 하나 없어 자녀들이 모국을 잃어버리고 있는 현실에 몹시 안타까워하고 있었다. 예산이 부족하면 유럽지역 3~5개국을 묶어서라도 한인학교를 설치해주면 방학기간을 이용,모국에 대한 여러가지 사항을 배울수 있을 것이라고 기대했다.

프랑스의 경우 아프리카와 아시아 후진국들조차 자국의 유학생을 위한 학습관을 설치, 운영하고 있는데 반해 한국은 국민총생산(GNP)이 세계12위로 세계 GNP 총액의 1.4%를 차지하는 나라인데도 유학생들을 위한 학습관 하나 없어 한국 유학생들의 자긍심에 상처를 입히고 있는 모습이었다.

세계화를 지향하고 對유엔기구 사업부담률을 현재의 8~10배씩이나 증대한다는 국제화의 시대다. 무엇보다 재외교민에 대한 관심도가 우선적으로 제고되어야 한다. 하루빨리 교민청이 설치돼 이들 교민들이나 유학생들의 어려움을 체계적이고도 종합적으로 해소하고 교민대책 수립에 발벗고 나서야 할 때라고 생각된다.

김만권<서울도봉구쌍문1동>

〈중앙일보〉에 실린 독자투고

위한 학습관을 설치 운영하고 있다. 반면 한국은 국민총생산GNP이 세계 12위로 세계 GNP 총액의 1.4%를 차지하는 나라인데도 유학생들을 위한 학습관 하나 없어 유학생들의 자긍심에 상처를 입히고 있다.

세계화를 지향하고 대 유엔 기구 사업 부담률을 현재의 8~10배씩이나 증대한다는 국제화 시대다. 무엇보다 재외 교민에 대한 관심도 우선적으로 제고되어야 한다. 하루빨리 교민청이 설치돼 교민들이나 유학생들의 어려움을 체계적이고도 종합적으로 해소시켜줄 수 있도록 교민 대책 수립에 발 벗고 나서야 한다.

세종문화회관 분수대 주변 문화 공간 확대를

| 1997년 6월 투고 , 미게재

올해도 예년처럼 세종문화회관이 점심시간 무렵에 '분수대 광장'을 마련해 시민들에게 시와 노래, 춤 등 다양한 문화 행사를 선보였다.

직장인의 한 사람으로서 이 행사는 매우 뜻 깊은 행사라고 생각한다. 이 행사를 주관한 세종문화회관 관계자들에게 감사를 드리며, 앞으로도 이런 야외 음악 행사는 확대되어야 한다고 생각한다.

한편 이곳 분수대 주변은 지하철 5호선이 개통된 이래로 통행 인구가 부쩍 늘어 상당히 혼잡한 곳으로 변했다.

서구 몇 나라를 둘러봐도 대부분 문화 공간 주변에는 차량 통행을 제한해 시민들이 유유자적하게 거닐면서 문화를 만끽한다. 그런데 이곳의 유료 주차장은 예나 지금이나 다름없이 그대로 운영되고 있는 데다 최근 들어서는 민간에게 위탁 운영 중이다. 다소간의 세외 수입에 도움이 될지 모르겠으나 통행인에게는 많은 불편을 초래할 뿐만 아니라 교통사고 발생의 소지도 있어 시민의 문화 공간으로서의 역할을 다하지 못하는 느낌이다. 반면 인근에 위치한 세종로 지하 주차장은 거의 적자 상태로 운영된다고 들었다. 하물며 이를 보전하기 위해 남대문 시장까지 셔틀버트를 운행할 계획이라는 기사도 본적이 있다.

따라서 이곳 분수대 주변의 주차장은 행사 진행에 필요한 최소한의 주차 공간만 남기고 이를 모두 문화공간으로 바꾸는 것이 세종문화회관의 취지에도 부합되고, 적자에 허덕이는 세종로 주차장의 효율적인 활용에도 이바지할 것으로 생각한다. 분수대 광장 주변의 새로운 모습을 기대한다.

새로운 쉼터의 명소로 태어나다

제안 후 10년이 지난 2007년 세종문화회관 분수대 광장 주변의 주차장이 전면 철거되고 공원으로 말끔히 정리되었다. 때늦은 감은 들지만 이제 세종문화회관이라는 훌륭한 문화 공간에 걸맞은, 광화문 일대의 새로운 쉼터 명소가 태어난 것을 기쁘게 생각한다.

의상대 주변의 소나무 보호 필요

| 1997년 3월

속초시 문화공보실장님, 문화유산의 해를 맞아 연일 바쁘시겠습니다. 드릴 말씀은 다름이 아니라 지난 3월 둘째 주 중앙공무원교육원 교육생의 신분으로 낙산비치에서 1박 하고 새벽에 동해 일출을 보기 위해 도립공원 낙산사를 둘러본 후 의상대 주변에서 느낀 점을 몇 자 적어 올립니다.

의상대에서 홍련암으로 가는 갈림길이 시멘트로 포장되어 있는 점이 마음이 안 드는 데다가, 갈림길 길목에 서있는 제법 오래된 소나무 두 그루 밑둥치 부분에 시멘트 포장이 되어 있는 것을 보고 소나무가 가엾게 여겨졌습니다. 이 소나무가 말라 죽으면 의상대의 풍치는 더 을씨년스럽게 될지도 모르겠다는 기우심이 듭디다. 물론 근처에 해안 초소가 있어 군인들의 출입이 잦은 점도 예상은 됩니다.

갈림길 소나무 밑둥치 부분의 시멘트를 일정 범위까지 빗물이나 공기가 통과하여 숨을 쉴 수 있도록 쇠 철망을 설치하기 바랍니다. 예산이 허락하면 진입로 시멘트 길을 모두 철거하고 흙 · 나무 · 돌로 된 길을 만드는 것이 운치가 있고 자연스럽게 느껴질 겁니다.

의상대 바로 옆에 외롭게 서있는 아주 큰 소나무에 대한 보호 대책이 있어야 한다고 생각합니다. 그 소나무가 없으면 정말 의상대의 운치는 볼품 없게 되어 버립니다.

또한 그 소나무 바로 옆에 죽은 나무 밑둥치를 보호하고 있는 철망이 두 개 있는데 그 나무 그루터기를 보니 씁쓸한 마음이 듭니다. 여기에는 '나무 사랑 나라 사랑' 등의 표어를 부착해 관광객들에게 나무 사랑하는 마음을 불러일으키게 했으면 합니다.

III

40년 공직생활과 제안에 관한 생각들

"나에게는 지방 공무원과 국가 공무원으로 근무한
40여 년의 값진 공직 생활 경험이 있다.
사회를 위해서든 나를 위해서든 그냥 버리기 아까운
축적물이다. 앞으로는 평범한 시민의 위치에서
국민 편의 시책에 관심을 가질 것이다."
-142쪽 본문 중에서

나의 공직 생활 

20세에 고향 면서기로 출발하다

나는 경상남도 한가운데인 의령군 의령읍 중동리에서 2남 4녀 중 둘째(장남)로 태어났다. 의령초등학교, 의령중학교를 거쳐 진주고등학교를 졸업, 집안일을 돕다가 친구의 권유로 공무원의 길을 걷게 되었다.

1969년 1월 고향인 경남 의령군 자굴산 자락인 칠곡면 면사무소에서 공직 생활을 시작하여 가례면사무소, 의령군청, 마산시 양덕동사무소, 부산시 북구 주례동사무소, 부산시립병원을 거쳤다. 1979년 12월 내무부지방행정연수원에서 국가공무원 행정주사보로 근무하다 내무부의 격무부서인 세정 · 재정 · 행정과에서 두 차례나 근무하였다. 또 정부합동민원실 파견 근무를 통해 민원 업무와 관련한 많은 경험을 익혔다.

행정주사보 시절 새마을기획과 · 세정과 · 재정과 · 행정과에 근무했다. 행정주사로 승진한 후에는 공보관실 · 시군세과 · 행정과 · 정부합동민원실 · 재정과에서 근무하는 등 내무부에서 15여 년 근무했다. 그러다가 1992년 5월 정무 제1장관실로 옮겨 행정사무관으로 승진, 각 조정관실과 총무과 인사 담당으로 근무했다. 1998년 3월 정부 조직 개편으로 정무 제1장관실이 폐지되는 바람에 2개월간 대기 근무를 하면서 일자리의 중요성을 실감했다.

1998년 5월 국무총리비서실에 파견되어 국회연락관 임무를 맡아 국회사무처 직원 및 국회의원 보좌진들과 유대를 가졌다. 서기관 승진 후 총무 비서관실 총무 과장으로 예산 · 회계 · 경리 업무와 인사 · 교육 업무 및 국무총리 공관 관리 업무를 맡았다. 특히 국무총리비서실 살림살이를 3년여 동안 담당하면서 총리 공관 옹벽 및 담장 공사와 전기 승압 공사, 담장 CCTV 설치 공사 등을 겪으면서 공사 과정의 어려움과 경험을 맛보았다.

특히 적벽돌로 둘러 쌓인 국무총리 공관의 높은 폐쇄형 담장이 하얀색의 개방형 담장으로 바뀐 후 삼청동의 얼굴이 달라졌다. 삼청동 길은 이제 젊은이들이 많이 찾는 데이트 코스로 변화했다. 한층 젊어진 삼청동의 모습을 보면 왠지 뿌듯한 기분을 느낀다.

2004년 5월부터는 국무총리비서실 민정비서관실 과장으로 국무총리 지시 사항 이행 실태 점검, 국민 편의 시책과 제도 개선 사항 정책 아젠다 발굴 등의 업무를 수행하였다.

2007년 9월 부이사관으로 승진, 국무총리비서실 혁신기획관으로 국무총리비서실의 혁신 및 총무 업무를 맡았다. 그리고 2008년 3월 새정부 출범으로 국무총리비서실과 국무조정실이 국무총리실이라는 통합 조직으로 출범하면서 총무비서관실 총무과장 보직을 받고 업무를 수행하였다. 2009년 6월 30일로 40여년간의 공직생활을 마치게 되었다.

공직 생활의 이모저모

◉ 제일 젊다고 최신형 오토바이를 타게 되고

1973년 5월 의령군 가례면사무소 근무 시절 재일동포 한 분이 비행기 바퀴같이 생긴 오토바이 2대를 기증했다. 직원 중 제일 젊다는 이유로 한 대가 나에게 배정되었다. 난생 처음으로 오토바이를 타기 위해 진주에서 원동기면허시험을 치르고 면허증을 취득했다.

오토바이가 고장이 나면 다른 한 대의 오토바이에 줄을 묶고 진주까지 가야 했다. 울퉁불퉁한 고갯길은 스릴이 넘쳤다. 다리 위에 널어놓은 나락을 피해 아슬아슬하게 오토바이를 몰았다. 오토바이를 수리하는 동안에 극장에서 영화를 감상하고 반주를 겸한 저녁을 먹고 나서 서투른 운전 솜씨로 밤늦게 그 길을 무사히 돌아온 것이 지금도 신기하다.

지방행정서기로 승진한 후 군청으로 전입을 하게 되었는데 다시 행정서기보로 강등됐다.

그 이후 행정 서기 자리가 났는데 강등된 나는 승진이 안 되고 다른 사람이 승진됐다. 인사규정이 제대로 지켜지지 않자 나는 인사 담당 직원과 다투고 난 후 마산시로 전출을 희망했다. 어차피 공직자로 출발했으니 좀 더 크고 넓은 곳에서 젊음을 펼쳐보는 것이 나을 것 같았다는 생각도 들었다. 이것이 나의 떠돌이 공직생활의 시초였는데 그때 나와 다투던 그 사람들 덕분에 오늘의 내가 있다고 생각하면 나를 변화시킨 그들에게 고맙다고 해야 될까.

◉ 군대 생활

나는 공직 생활 중이던 1971년 12월 23일 군에 입대하여 전방에서 대대장 무전병으로 근무했다. 어느 날 전우들이 작업을 하다가 공상을 입는 것을 목도하고서 '어차피 겪는 군대 생활이니 월남이나 가자.'는 생각을 하게 되었다. 명호 26제대와 십자성부대 훈련 등에 두 번이나 차출되어 월남파병 준비를 마쳤으나, 때마침 월남전이 종전되어 버렸다. 결국 나는 103보충대를 세 번이나 거쳐 원소속 부대로 복귀해 상병으로 전역했다. 지금 생각해 보면 이것도 내게 주어진 큰 행운이었다.

전역한 뒤로도 힘이 들 때는 군 시절의 어려움을 생각하면 자신감이 생겼다. 그렇게 어느 정도 자신을 북돋우고 나면, 내가 나온 의령중학교 교가를 부르며 마음을 다잡았다. "이 팔뚝 이 다리 힘이 솟으니 어떠한 큰일도 감당하리라."

◉ 사표를 대신한 한국방송통신대학 졸업장

공무원 생활을 시작한 뒤에도 배움에의 욕구는 커져 갔다. 결국 방송대학에 등록하고 틈틈이 학업에 매진했는데, 문제는 어쩌다 한 번 돌아오는 출석 수업이었다. 수업에 나가려고 연가를 신청하니 군청 농사계가 그렇게 한가한 자리가 아니고 재해 대책 등으로 바쁜 상황이라며 학업을 재고하라는 지시가 떨어졌다.

나는 잠시 망설였다. 모처럼의 배움의 기회를 이렇게 꺾이고서야 앞으로 인생을 헤쳐 나갈 수 없다는 생각이 들었다. 나는 결국 사직서를 제출하고 부산대학 출석 수업을 마치고 돌아왔다. 동료들은 '못 말리는 놈'이라면서도 내 심정을 이해해 주는 눈치였다. 고맙고 미안함 마음에 일에 더 충실할 수밖에 없었다. 그래서 나는 지금도 방송통신대학 졸업장을 '휴가 반납증'이라고 부른다.

그 후 마산시 양덕동에서 병무 담당 공무원으로 재직 중 겨울방학 기간 동안 또다시 부산대학교에 출석해야 하는 상황이 발생했다. 양덕동은 예비군만 해도 한일합섬, 수출자유지역 2개 연대가 있어 전국에서 예비군 자원이 제일 많은 곳이었다. 이런 환경에서 병무청의 병무 감사를 앞두고 학교를 가야 하니 또 한번 용기가 생겼다. 동장님께 미안했지만 출석 수업을 끝마치고 동사무소로 돌아왔다. 그런데 방위 소집 요원이 너무 일을 깔끔하게 잘 처리해 줘서 병무청장으로부터 '예비군 자원 관리 우수동'으로 표창을 받게 되었다. 정말이지 방위 근무 동료가 너무 고마웠다.

통신대학과정이 5년제로 바뀌자 나는 다시 행정학과 3학년으로 편입했다. 고등학교 때 자취를 하면서 한솥밥을 먹으며 공부했던 친구 혜농惠農 정윤일과 함께 공부하고 싶어 방학 때 출석수업 대학을 진주에 있는 경상대학으로 신청했다.

그때 나는 친구가 공부하는 농학이 행정학 보다 앞으로 삶에 훨씬 도움이 될 것이라고 생각했었다. 그 예상이 현실로 나타났다. 친구는 지금 고향인 의령군 가례면 갑을리 아자촌(아름다운 자굴산 자락의 촌)의 촌장이 되었다. 농촌의 훌륭한 지도자로서 마을을 아름답게 가꾸고 있는 친구를 보면 '건강한 삶이란 바로 이런 것'이라는 생각이 든다. 아자촌 촌장의 건승과 마을의 안녕과 영광을 기원한다.

◉ 택시운전사가 되기 위해 1종 면허를 취득했지만

부산시 북구 주례동 동서기로 근무할 당시 공무원의 보수는 택시 기사의 1/3 수준이었다. 나는 택시 기사가 되기 위해 일과가 끝나면 운전학원을 다니다가 구포자동차면허시험장에서 1종 면허를 취득했다. 그런데 막상 면허증을 손에 쥐고 나니 망설여졌다. 과연 내가 택시 운전사로서 성공할 수 있을까? 일단은 공직을 계속하기로 마음을 정리했다.

◉ 난생 처음 1등, 이것이 중앙공무원의 길이 되는 계기였다

나는 부산시 북구 주례동사무소에서 세무 담당 공무원으로 재산세 업무와 오물 수거 수수료 업무를 담당했다. 그러던 어느 날, 구청장이 전 구청 직원들을 사상에 있는 국제상사 지하 강당에 소집했다. 말씀인즉, 공부하는 공직자상을 강조하면서 구청에서 시험을 실시하는데 이 중 우수한 자에게는 인사평정에 반영한다는 것이었다. 얼마 후, 구포중학교 교정에서 실시된 직원 소양 고사에서 내가 1등을 할 줄이야 생각이나 했던가.

나는 북구청 새마을과로 발령이 날 예정이라고 했으며, 구청 소양고사 1~3위 입상자는 부산시청 주관의 소양 고사에 응시하게 됐다. 시청 회의실에서 본 소양 고사 결과 나는 부산시에서 3위를 차지했다. 부산시 소양 고사 1~3위 입상자는 내무부 소양고사에 응시할 수 있었고, 내무부 주관으로 지방행정연수원에서 실시된 시험에서 전국 7위를 했다. 전국 10위 이내는 내무부로 발령이 날 것이라고 했다. 이렇게 하여 특별할 것 하나 없는 면서기였던 내가 중앙으로 진출하는 일이 벌어졌다.

⊙ 청산조합(?) 행 버스는 과천으로 향하고

한편 내무부 주관 소양고사 이외에 내무부 전입시험제도가 있다는 얘기를 듣고 지인의 소개로 내무부 전입 시험에 응시했다. 어머님께서 받아 적은 메모지에는 '청산조합'이라 적혀 있었다. 고속버스를 타고 서울역 건너편에 있는 터미널에 내려 아무리 물어봐도 청산조합을 아는 사람이 없었다. 한참을 헤매다 내무부로 전화를 걸어 물어보니 '정부종합청사'로 오란다. '종합청사'를 '청산조합'이라 듣고 올라왔으니 지금 생각해도 웃음이 나온다. 지나가는 사람에게 물어보고 안내양에게 확인한 후 정부종합청사로 가는 버스를 탔다. 그런데 버스는 자꾸만 외곽으로 빠지기만 했다. 아무래도 이상했다. 결국 다다른 곳은 과천에 있는 정부종합청사 공사 현장이었다. 잘잘못을 따질 겨를도 없이 허허벌판에 내린 나는 부득이 다시 버스를 타고 광화문을 향했다. 겨우 정부종합청사 후문에 도착하여 안으로 들어가려 했으나 공무원증이 없다고 출입을 거부당했다. 검문 경찰에게 내일 내무부 전입시험을 치러 온 사람이라고 사정하니 전화를 걸어 확인을 받고 나서야 출입이 허용되어 시험등록을 마쳤다. 내가 근무하던 지방에서는 공무원증이 필요가 없었는데, 여기에서는 공무원증이 없으면 청사 출입이 제한되니 그것부터 달랐다.

서울나들이 첫날밤. 나는 방학동에 있는 친구집 애기방에서 내일의 시험공부를 준비하면서 하룻밤 신세를 졌다. 그 친구의 요청으로 아들 혼인식에 주례를 서게 될줄이야. 이것이 인연인가.

다음날 치른 시험은 신문 기사를 요약하고 국가 행사의 보도 자료를 개조식으로 작성하라는 것이었다. 이어진 면접시험에서는 필자가 근무하고 있었던 부산시립병원 운영의 문제점과 개선책에 대한 질문과 답변이었다. 마지막에 시험에 합격하면 서울 생활이 가능하냐고 묻는 질문에는 당분간은 서울 친척과 친구 집에 신세를 질수 있다고 애둘러 대답했다.

◉ 내무부 격무부서를 두 번씩이나 거친 행운의 사나이

1979년 12월, 나는 10년 만에 중앙공무원으로서 내무부 지방행정 연수원 교수부 운영과로 발령을 받고 교육 일정과 교수 섭외 및 교과 운영 지원 업무를 맡았다. 이듬해 내무부 본부 첫 발령지가 새마을기획과였다. 당시 전 국민을 대상으로 새마을 정신 교육 업무를 지원하느라 정신없이 바빴다. 수원의 새마을지도자연수원이 협소하여 지금 성남의 새마을연수원 부지가 확정되던 시기였다. 내무부에서 제일 격무부서라고 하는 세정과 · 재정과 · 행정과를 두 번씩이나 겪은 영광 아닌 영광을 누린 행운의 사나이일까. 그런 과정을 거치면서 많은 사람을 알게 되고 업무의 폭도 넓어져 풍부한 경험을 쌓았다.

공직 생활의 보람
– 두번의 '공무원 제안상' 수상과 '예산 성과금' 수령

나는 공직 생활 기간 동안 국민 편의 시책 발굴 등 여러 가지 제안을 통해 국민의 불편을 해소하고자 노력했다. 나에게 보람과 긍지를 안겨 준 제안들은 다음과 같다.

첫째, 1991년 12월 14일 신원증명 발급 제도 폐지에 관한 공무원 제안을 제출하여 총무처장관으로부터 제안상을 수상했다. 이는 정부합동 민원실 파견 근무 기간 중 제안한 내용이다. 민원인이 본적지에서 신원증명을 발급 받아 제출하는 제도를 폐지하고, 대신 증명 소요 기관이나 관청에서 관계 기관에 '신원 조회'로 갈음하도록 했다. 연간 300여만 통의 민원이 없어지는 효과를 가져올 수 있는 획기적인 제안이었다. 그러나 바로 시행이 되지 않고 있다가 첫 제안 이후 3년이 지난 뒤 문민정부 출범과 함께 발족한 행정쇄신위원회에 재차 제안하는 등 끈질기게 노력하여 제도화시켰다.

둘째, 2002년 5월 국무총리비서실 재무관(과장)으로 근무하면서 법인카드 사용에 따른 문제점을 개선하기 위하여 '법인카드 과실금의 국고 세입원화'라는 공무원 제안을 제출하였다. 이는 회계의 투명성을 제고시키고 과실금의 부당 사용의 관행을 개선함과 아울러 매년 14억 원 정도의 국고 수입을 증대시키는 제도로서 재정경제부장관으로부터 우수상과 공무원 제안상인 동상에 입상하여 대통령 표창을 받았다. 이와 관련하여 2004년 2월 기획예산처장관으로부터 우수 사례로 선정되어

2,100만 원의 예산 성과금도 수령했다.

셋째, 내무부 재정과 근무 시절 '출생기념통장' 발급 제도를 건의, 출생신고 접수 시 읍 · 면 · 동장 명의로 1,000원이 들어 있는 '출생기념통장'을 발급해 줌으로써 국민의 저축 의식을 제고시켰다며 재정경제부 장관의 표창을 받았다.

이외에도 영등포역 새마을호 정차 제도를 제안해 서울시의 교통난을 완화하고 영등포역을 이용하는 한강 이남 지역의 시민에게 도움을 줬으며, 주민등록증 분실 신고 시 지 · 파출소 경유 제도 폐지, 고속도로 LPG 충전소 설치 등 국민 편의 시책을 발굴 제안한 점을 인정받아 1997년 12월에 연말 우수 공무원으로 녹조근정훈장을 받았다.

2006년 5월에는 입대 장병 휴대전화 해지 절차 간소화를 병무청에 제안했다. 병무청에서는 제안 내용보다 훨씬 나은 제도를 실행했다. 입대 장병이나 그 가족이 관련 서류를 직접 제시하지 않고도 이동통신사가 병무청 홈페이지에서 입력된 사항을 출력하여 해지할 수 있도록 제도가 개선되었다. 많은 장병과 장병 가족의 불편을 해소하는데 일조했다는 긍지를 느낀다.

이밖에 정치 후원금 10만 원 세액 공제 제도 개선, 경복궁(역) 가는 길, 우산 탈수기 설치, 봉급의 일할 지급, 문서 양면 출력 등의 제안을 실현시키려고 힘써 왔다.

늦었지만 공부는 계속되고

나는 고향인 의령에서 초 · 중등학교를 거쳐 인근 진주고등학교를 졸업했으나, 대학 진학 시험에서 낙방했다. 가정 사정으로 대학 진학을 포기하고 가사를 돕던 중, 친구따라 강남 간다고 그 친구의 권유로 우연히 공무원 생활을 시작했다. 제대 후 다른 길을 가려고 시도하였으나 여의치 못해 오늘에 이르게 되었다.

공직 생활을 하면서도 대학 진학의 꿈을 이루고 싶어 한국방송통신대학에 입학했다. 아무리 방송통신대학이라도 직접 가야 하는 출석 수업이란 게 있었다. 한번은 겨울 방학 기간 중 부산대학교에서 실시하는 출석 수업에 참석하였다가 연탄가스를 마시고 죽을 고비를 넘기기도 했다. 그때 하숙집 아줌마께서 주신 동치미 국물이 특효약이었을까. 1975년에 2년제 방송통신대학 행정학과를 졸업하고 5년제 통신대학 행정학과 3학년으로 편입하여 어렵게 대학 과정을 마쳤다. 그 뒤 서울시립대학교 도시행정대학원에 진학, '공공 임대주택의 효율적인 관리 방안'이란 논문으로 1991년 2월 도시계획학 석사학위를 취득하였다.

또한 2001년 2월 세종연구소 세계화 과정의 1년간 국내 연수를 통해 각 부처 및 정부 투자 기관 간부들과 유대를 다졌으며, 국회연락관으로 재직한 경험을 바탕으로 '국회 운영의 효율적인 제고 방안'이라는 연구보고서를 제출해 국회 운영의 개선에 기여하고자 노력했다.

정무1장관실 시절에는 시민단체 지원 업무를 맡으면서 처음으로 '시민단체 해외 연수' 사업을 시행했다. 노동 관련 단체, 인간 사회 발전 분야 시민단체 인사들과 유럽과 미국 등에 다녀왔다. 1996년 4월에는 내무부에서 주관하는 영국의 RIPA 교육과정을, 2004년도에는 중앙인사위원회에서 주관하는 일본 인사원 해외 훈련 과정을, 2008년도에는 KDI 국제정책대학원 경제정책과정을 수료했다. 지금도 당시의 연수생들과 유대관계를 다지고 있다. 2009년부터는 한국방송대학 관광학과 3학년에 편입해 관광행동론 등을 공부하고 있다.

가슴 아팠던 추억
– 직장 없는 설움

집 없는 서러움이라더니 직장이 사라진 경험을 맛보았을 때의 심정은 이와 비슷했다.

1998년 2월 28일 국민의 정부 출범과 함께한 정부조직법개정으로 정무1장관실이 폐지되었고 당정협조업무 등 일부 업무는 국무총리비서실로 이관되었다.

나는 정무1장관실이 폐지될 당시 총무과 인사계장이었다. 직원 중 10여 명 정도만 기능이 이관된 국무총리비서실로 발령 났다. 나를 포함한 나머지 40여 명은 행정자치부의 과원으로 대기발령상태에 있었다. 그런데 행정자치부가 월급을 받는 공무원을 집에서 대기시킬 수만 없다면서 청사로비 공간에 빈 책상 몇 개를 마련했다. 그곳에서 근무하라는 지시를 받았으나 사기가 떨어진 수십 명의 직원이 지내기에는 정말 마음 아픈 일이었다.

더군다나 나에게 곤혹스러운 일이 맡겨졌다. 인사계장이었던 나에게 대기자 중 별정직 공무원의 사직서를 받으라는 요청이 떨어진 것이다. 무거운 마음을 안은 채 행정자치부 총무과 인사담당자의 고충을 전달했더니 몇 분은 스스로 사직서를 냈다. 특히 병실에 누워있는 어느 직원은 죄 없는 김계장의 고충을 이해한다며 오히려 나를 위로해줘 고마울 따름이었다.

당시 나는 '정무장관실50년사'를 만들어 보라는 정무차관의 지시를 받고 많은 직원들의 도움으로 겨우 '정무장관(제1)실 약사' 발간에 참여했다. 그런데 약사를 만들고 난 후 공교롭게 조직이 사라지게 됐으니 뭐라고 말할 수 없는 감정이 일렁였다.

'우리는 태평양 한가운데서 표류하고 있는 난파선이다. 내가 구명보트 역할을 할테니 우리 모두 힘과 지혜를 모으자.'라는 당시 마지막 정무1장관의 이임사는 지금도 생생하다.

어려운 시기에 서로가 마음을 달래고 마음을 합친 결과 정무1장관실 직원들은 당시 폐지된 모부처 보다 많은 대다수 직원들이 새로운 직장을 찾았다. 나는 오늘도 그들의 행운과 건승을 기원한다.

앞으로의 삶

나에게는 지방 공무원과 국가 공무원으로 근무한 40여 년의 값진 공직 생활 경험이 있다. 사회를 위해서든 나를 위해서든 그냥 버리기 아까운 축적물이다. 앞으로는 평범한 시민의 위치에서 국민 편의 시책에 관심을 가질 것이다. 그동안의 경험을 바탕으로 많은 사람들과 얘기를 나누고 조언을 들어 사회에 도움이 되는 제안을 하고 싶다.

교육 및 연수를 다녀와서

정부 지원 시민단체 해외 연수

| 1994년 5월

◉ 동아일보 사회면 머리기사가 돼버린 답변

1994년 5월 24일 늦은 저녁 시간에 동아일보 기자가 집으로 전화를 했다. 정무장관실 지원으로 경실련, 환경운동연합, YMCA 등 15개 시민단체들이 정부 예산으로 해외 연수를 다녀온 데 대해 몇 가지 물어보겠다는 것이었다. 이 사업의 실무를 맡고 있는 나로서는 답변하기가 매우 난처했다. 이런 내 심정을 알았는지, 그 기자는 자신이 환경 단체 관련 기자로서 이번 연수의 긍적적 취지를 잘 살려 좋은 기사를 쓰려고 하니 협조해 달라고 했다. 찜찜했지만 할 수 없었다. 질문 내용을 들어 보니 그 기자는 이미 연수 내용 대부분을 알고 있었다.

"경실련(경제정의사회실천연합)에서 우리 정무장관실에 건의해서 사업이 시작됐으며, 참가 단체들이 시찰 장소와 참가자 선정 등 전체 연수 계획을 만들고 정부는 연수 경비를 포함하여 비자 발급 등 행정적인 지원만 할 뿐 전혀 다른 의도는 없다."는 게 필자의 답변이었다.

다음날 아침 동아일보 사회면에는 '15개 시민운동 단체 정부 지원 해외 연수'라는 제목의 머리기사가 실려 있었다. 환경 실태 견학이라는 명목으로 독일, 스위스 등 환경 선진국을 다녀왔으나 일부에서는 우려 섞인 지적이 일고 있다는 내용이었다. 자원 봉사를 위해 나선 순수 민간단체가 정부의 지원을 받는 것 자체가 '신新 친여단체', '관변단체'가 되어 가는 수순이라는 것이다. 이에 대한 반론을 제기하자 며칠이 지나서야 정부 지원 예산 사업에 대한 찬반양론의 의견을 실어 주었다. 후에 기자는 자신은 좋은 방향으로 기사를 쓰려고 했는데 신문사 데스크에서 다른 방향으로 돌려 보도하는 바람에 기사 내용이 기자의 이름이 없이 보도되었다고 해명하였다.

◉ 스위스 베른까지 가서 쓰레기통만 뒤지다

당시 시민단체에서 자체적으로 해외 연수를 하기란 어려운 실정이었다. 재정상의 어려움도 있었지만, 과거 시민운동 경력 때문에 발목을 잡히기 일쑤였다. 이 해외 연수 사업이 계기가 되어 주간노동자신문사를 중심으로 한 노동 관련 단체, '우리 밀 살리기 운동 본부'를 중심으로 한 농민 단체 연수 등이 실시되었다.

그런데 이들의 연수는 정부의 지원을 받는데 부담을 느낀 탓인지 여느 연수와는 다른 모습이었다. 호텔이 아닌 유스호스텔에 합숙하는가 하면, 저녁 늦게까지 숙소에서 열띤 토론을 벌이기도 했다. 연수 프로그램 또한 누가 보더라도 정부 예산 지원이 아깝지 않을 정도로 빡빡했다. 우리나라 쓰레기 종량제 도입을 위해 스위스 베른까지 와서 쓰레기 처리 실태를 파악하느라 하루도 부족할 정도였다. 나는 당초 연수 계획에는 없었더라도 모처럼 여기까지 온 김에 알프스 몽블랑에 한번 가 보는 게 어떠냐고

제의를 해 보았지만 성사되지 않았다. 연수를 다녀온 후에 다시 만난 사람들은 "그때 사실 몽블랑에 가지 못해 아쉬웠다."는 말을 전했다.

⊙ 소개하고 싶은 선진국의 수범 사례

시민단체 해외 연수의 실무를 맡고 있는 나에게도 이들 시민단체 인사들과 함께할 기회가 주어졌다. 나로서는 공직 생활 25년 만에 처음 가는 해외 나들이인지라 업무 외에도 외국의 문화를 접할 수 있다는 기대가 컸다. 나는 연수 과정에서 우리가 타산지석으로 삼아야 할 이들 선진국의 수범 사례에 많은 관심을 가졌다.

제일 먼저 눈에 들어온 것은 자전거 문화였다. 자전거 전용 도로와 주차 시설이 잘 보급돼 있었고, 택시도 뒤 범퍼에 자전거를 매달고 다니고, 지하철과 열차에도 자전거와 유모차를 싣고 다닐 정도였다.

대중교통 시설은 주민의 편의를 최대화하고 있었다. 지하철 버스의 환승이 자유롭고 역세권 환승 주차장 시설이 정비됐으며, 지하철 역마다 엘리베이터가 설치되어 있음은 물론, 버스도 유모차나 휠체어에 탄 채로 오를 수 있었다.

코펜하겐 국립박물관은 외국인 관광객과 산업체 근로자들을 위해 야간 개장을 하는 중이었고, 프랑스 루브르 박물관과 벨기에 무기 박물관에서는 어린이들이 교사와 함께 박물관을 둘러보면서 수준에 맞는 현장 학습을 하고 있었다. 대기오염을 막기 위한 스위스의 전기 버스, 재생 용지로 만든 입장권도 눈여겨보았다.

나는 연수의 효과를 조금이라도 높이려는 마음에서 연수단이 발간하는 시민단체 해외 연수 결과 보고서에 '비공식일정 낙수落穗'라는 제목으로 'NGO'가 아닌 'GO'의 입장에서 비공식 일정에 대한 나의 소감과 함께 선진국의 수범 사례를 요약하여 소개했다.

선진국 수범사례 소개

■ 입장권 재생용지 사용 및 작은 규격으로 제작

- 대부분 입장권이 재생용지로 제작되고 크기도 전철표 크기의 절반으로 제작
- 스웨덴 왕궁 및 덴마크 Friedrikson 성 입장권은 전산계산기 영수증으로 대체 활용

■ 코펜하겐 국립박물관 야간 개장

- 야간 관람을 희망하는 사람을 위해 매주 수요일은 밤 10시까지 개방해서 시민을 위한 봉사정신 구현

■ 자전거문화 보편화

- 택시도 자전거를 달고 다니고 지하철 및 열차에도 자전거 및 유모차를 싣고 다님. 자전거 전용도로, 자전거 주차시설 보급
- 국회의원, 주지사 등 고급관료도 대중교통이나 자전거로 출퇴근

■ 대중교통이용 편의도모

- 지하철, 버스 환승이 자유롭고 역세권 환승주차장 시설 완비

■ 장애자나 노약자를 위한 대중교통시설

- 지하철역마다 엘리베이터가 설치돼 있어 버스도 유모차나 휠체어가 그대로 오르고 내림

■ 풍차전력 생산

- 덴마크는 에너지의 40%를 풍차로 생산하고 있으므로 제주도 · 강원지역 또는 도서지방 등 바람이 많은 지역에서도 소규모 풍차에 의한 전력생산연구 검토 필요

■ 현장위주의 산교육 실시

- 佛, 루브르 박물관에는 어린이들에게 현장교육을 열심히 시키는 담임교사의 모습
- 벨기에, 무기 박물관에는 초 · 중 · 고교 학생들이 박물관 현장을 둘러보면서 수준에 맞는 과제물을 작성하는 모습

■ 환경을 최우선 정책으로

- 스위스는 대기오염을 막기 위해 버스도 전기에 의해 운행

일본 연수 비공식 일정 낙수(落穗)

– 중앙인사위원회 주관의 일본 인사원 과정 연수 소감문

| 2004년 10월

주마간산走馬看山처럼 훑어본 2주 동안의 일본 연수에서 나름대로 느낀 점을 적는다. 일본이라는 나라는 "처음 가 보면 1권의 책을 쓰고, 두 번 보면 반 권을 쓰는데, 세 번 보면 더 쓸 게 없다."라는 말을 들은 적이 있다. 나의 결론은 '우리가 교과서이고 일본은 참고서'랄까. 비공식 일정에서 우리가 한번쯤 생각해볼 가치가 있는 사항에 대해 느낀 점을 두서없이 담아 보았다.

비싼 세금으로 처음 온 일본 연수인 만큼 가능한 많은 것을 보고 느끼고 싶었다. 그래서 매일 새벽 시간과 저녁 시간 대부분을 걷거나 지하철을 타는 등 하나라도 더 보고 관찰하도록 노력했다.

일본에 대한 첫인상은 긍정적인 면에서 검소하고 깨끗하고 친절한 느낌이었다. 하지만 부정적인 면으로는 치밀하고 변화를 두려워하고 소심하다는 생각이 들었다.

⊙ 기상 이변에 차분히 대응하는 일본인

연수 기간 서너 차례의 지진과 한 번의 태풍을 만났다. 10월 23일에는 니카타현新潟에서 진도 6.7이나 되는 지진이 발생하여 사망 37명, 부상 2,374명, 이재민 8만 4천여 명 등 많은 피해가 발생하고 사상 처음

신칸센新幹線 열차가 탈선하기도 했다. 그런데도 일본인들은 담담한 표정이었다. 처음에는 지진이 너무 잦아서 그러려니 했지만 그들의 대응은 조직적이고 치밀하다고 한다.

올해 들어 태풍도 9번이나 맞았으니 태풍 이름도 우리처럼 '매미' 등으로 부르기보다는 '태풍 23호'와 같이 부르고 있었다. 방송에서도 우리처럼 요란하게 재난종합상황실의 대책을 방영하기보다는 자치단체와 주민 중심으로 차분하고 진지한 인명 구조, 수해 복구 모습을 보여주었다. 수재 의연금을 모금하는 모습도 별로 보이지 않았다.

◉ 검소한 일본인, 깨끗한 도쿄

첫날 43층 도쿄돔 호텔 라운지에서 캔 맥주로 목을 축이며 바라본 도쿄의 밤 풍경은 서울의 남산타워에서 바라본 야경과 비교했을 때 너무나 어두운 편이었다. 특히 북쪽은 더 어두웠다. '에너지 절약'이라기보다는 그렇게 화려한 것을 좋아하지 않는 탓이란다. 공기는 깨끗하고 수돗물도 그대로 마시는 것이 일상화되어 있다. 초라하리만큼 검소한 음식 문화, 이것도 축소지향형의 일본 문화 탓일까.

◉ 우에노上野 공원의 엘리트 노숙자

이른 새벽 우에노 공원의 모습. 하룻밤 집이 되어 준 박스 상자를 깨끗이 접어 정돈하고 가벼운 체조를 하는 노숙자가 있는가 하면, 아직까지 리어카 위나 종이 박스 속에서 잠을 자고 있는 노숙자도 있다. 돈이 없어서라기보다 좁은 가정에 얽매이기 싫어서 공원의 자연을 벗 삼아

철학자 노릇을 하는 노숙자도 있다고 하니 이런 노숙자 대책은 어떻게 해야 될까.

도쿄에서 닛꼬日光 방면으로 빠지는 하천에 가끔 하나씩 보이는 파란 텐트는 자연을 즐기는 '부자형 노숙자'란다. 스미다와 강변에 즐비한 파란색의 천막군을 이룬 노숙자, 시내 도로가나 천변의 노숙자 등 부국이라는 일본에서도 노숙자를 심심찮게 볼 수 있었다.

◉ 쓸쓸한 할아버지

저녁 무렵 식당에서 외롭게 혼자 값싼 식사를 하고 있는 노인들을 보니 안쓰러운 마음이 들었다. 평소에는 남편에게 고분고분하다 퇴직금을 수령할 즈음 증빙서류를 내밀고 이혼을 강요하는 야박한 아낙네들도 많다고 한다. 이에 비하면 한국의 부인들이 너그러워서일까, 남정네들이 복이 많아서일까? 여하간 일본의 할아버지는 불행하다는 느낌이 들었다.

◉ 일본 여고생의 스커트 길이는 너무 짧아

일본 여고생의 교복 스커트가 미니인 것을 보면 별로 좋은 기분이 들지 않았다. 내가 너무 시대감각에 둔한 탓일까? 물론 학교에서 기준을 정했다지만 학생들이 이를 잘 지키지 않고 있어 묵인하는 실정이라니 유행은 못 말리는 모양이다.

이래서 여고 시절을 둘러싼 얘기가 생겨나는 것도 관대한 일본 성문화의 탓인지 모르겠다. 불황이면 스커트 길이가 짧아진다는데 아직까지 일본의 경제가 10년 불황을 이겨내지 못한 것일까? 저녁 무렵 긴좌銀座의 백화점 매장도 썰렁했다.

◉ 친절은 지나치지 않다

일본인들은 누구나 친절하다는 인상을 받았다. 낯선 이방인에게 일본의 거미줄 같은 지하철 노선은 커다란 난관이다. 그러나 지나가는 시민에게 물어봐도 길을 멈추고 승차 지점까지 친절하게 안내해 준다.

핫도(비둘기) 투어관광버스 안내양의 웃음과 간지러운 인사에는 혼네本音와 다테마에建前를 넘어서 관광의 즐거움을 더해 줬다. 이것이 관광자원이지 않겠는가.

◉ 게임에 몰입한 지하철 승객

일본 지하철 출근길은 책을 읽는 사람이 많다고 들었는데, 세월의 변화인지 상당수 젊은이들이 핸드폰 게임에 몰입하고 있는 모습은 우리와 비슷했다. 하지만 지하철 광고는 우리와 너무 달랐다. 서울의 지하철 광고가 최근 들어 양이 줄어들고 정해진 공간에 질서 있게 배열된 것과는 달리, 이곳 지하철은 유난히 너절하고 혼잡스러운 느낌이 들었다. 경기 활성화 조짐인지 광고에 무감각해진 탓인지, 잘 이해가 가지 않았다. 분명히 이런 현상이 선진국의 모습은 아닐 것이다.

◉ 골치 아픈 까마귀

일본에서는 까마귀는 흉조가 아니라고 한다. 까치는 보기 힘들었으나 까마귀는 자주 보였다. 까마귀가 시내 중심가 쓰레기통을 뒤지다 사람이 가면 물끄러미 쳐다보고 있었다. 그러나 환경 단체의 반대로 이들을 퇴치하기도 어렵다고 한다. 까마귀 소리를 듣기 거북해 하고, 비삼飛蔘이라 정력에 좋다고 하여 다 잡아먹어 까마귀 자체가 사라진 우리나라와는 너무 다른 모습이었다.

⊙ 세계문화유산 지정도 국력의 결과일까

교토 곳곳에는 세계문화유산이 즐비하다. 금각사金覺寺, 청수사淸水寺, 동본원사東本願寺, 서본원사西本願寺, 동사東寺 등 수없이 많다. 물론 문화적 가치에 따른 지정이겠지만 세계문화유산을 쉽게 볼 수 있는 것도 국력의 힘이 작용한 게 아닐까?

⊙ 제도 개선에 반영하고 싶은 내용들

일본의 이모저모를 둘러보고 우리가 거울로 삼아야 할 사항을 제시하고자 한다.

첫째, 복사 용지는 100%로 재활용 용지를 사용하자.

일본 인사원뿐 아니라 모든 관공서의 복사 용지는 100% 재활용 종이를 사용한다고 한다. 그날 우리에게 배부된 회의용 자료도 양면 왼쪽철로 되어 있었다. 우리도 백상지 보다는 재생지를 양면으로 사용하면 예산도 절약되고, 자원도 보호될 것이다. 앞으로 양면 출력 기능이 있는 프린터를 사용하도록 권장해야 한다. 그러기 위해서는 정부가 먼저 솔선수범하는 모습을 보여야 할 것이다.

둘째, 우산 탈수기를 설치하자.

비 오는 날 도쿄의 문경구청 로비에는 옆에 사진과 같은 우산 탈수기Rain Cut가 있었다. 비가 오는 날이면 빌딩 현관에서 우산에 비닐을 씌우느라 애를 써야 하는 우리와 달랐다. 비닐 봉투를 한 번 쓰고 버리면 어디로 갈 것인지 생각해 보면 참 좋은 물건이었다. 우리 환경에 맞는 우산 탈수기를 제작하거나 도입하여 정부청사에 시범 설치하고, 추후 큰 빌딩으로 파급한다면 좋을 것이다.

〈문경구청 우산탈수기 견본〉

셋째, 강과 연계한 순환 관광버스와 최첨단 유람선 운영을 검토하자.

도쿄에는 중요 명승지와 아사구사淺草 옆에 있는 유람선 선착장을 도는 '핫도(비둘기) 버스'가 있었다. 이렇게 아사구사, 스미다와 강, 도쿄만 레인보우브리지 등이 연결되는 관광 코스가 생겨나 많은 관광객을 유치하는 중이다. 또한 관광버스와 연결되는 최첨단 유람선은 일본의 기술력과 디자인을 자랑하는 것처럼 보였다.

〈최첨단 유람선 Symphony호의 운항모습〉

넷째, 누구나 쉽게 알 수 있는 그림으로 관광 안내판을 만들자.

일본의 공항 · 병원 · 시청 · 지하철역 어디를 가더라도 외국인도 쉽게 알 수 있는 그림 안내판이 있었다. 거기에 일본어, 영어 등으로 친절하게 표기까지 되어 있으니 관광객들은 생각보다 쉽게 목적지를 찾게 되었다. 특히 도쿄돔 경기장에 있는 대형 연필 모양 안내판은 동심을 느끼게 할 정도로 인상깊었다.

〈대형 연필형 안내서와 분리수거함〉

다섯째, 장애인 주차장을 더 넓게 만들자.

도쿄대 부속병원의 장애인 주차장은 일반 주차장 보다 1.5배 정도 넓었다. 그에 비해 우리나라의 장애인 주차장은 너무 좁다는 생각을 지울 수 없었다.

여섯째, 대중 교통과 자전거 출퇴근을 생활화하자.

자전거 앞뒤에 두 자녀를 태우고 맨 뒤쪽에 장바구니를 담고 달리는 아낙네의 모습은 일본의 일상 풍경이다. 그물망 같은 지하철과 자전거 이용이 생활화되어 있어서인지 도로 체증을 느낄 수 없었다. 참고로 일본의 기름 값은 우리와 비슷하나 도로 통행료가 너무 비싸 자동차를 운행한다는 것은 중산층으로도 어려운 실정이란다.

〈역에 설치된 자전거 이층 보관대 및 주차 안내판〉

일곱째, 기록 관리를 철저히 하자.

동경도전몰자영원東京都戰歿者靈苑에는 만주사변부터 태평양 전쟁 후 종전까지 전사 연표, 주요 지역별 전몰자 수가 정확하게 기록되어 있었다. 게다가 각종 전쟁 관련 유품의 정돈 상태를 보니 일본 기록 문화의 수준을 짐작할 수 있었다.

도쿄도 에도박물관에는 수도 이전 및 당시의 생활상 등 각종 자료가 정비되어 있다. 관람 도중 안내원이 임진왜란 출병 모습을 그린 그림 앞에서 "명나라를 치기 위해 조선에 길을 열어 달라고 하였다."고 설명했다. 그 말을 듣고 있자니 '역사는 힘 있는 국가에 의해 만들어진다.'는 억지 논리가 떠올라 마음이 씁쓸했다.

여덟째, 다양한 노인 일자리를 확충하자.

나리타 공항의 입국 수속 창구에는 81세 장애인 할아버지가 앉아 있었다. 영어와 일본어로 입국자들을 안내하는 것이 그분의 일이었다. 고속도로 통행료 징수, 주유소 주유, 케이블카 입장료 징수, 유람선 입장권 징수 등은 할아버지 몫이며, 병원과 식당 보조는 할머니들의 역할이란다.

일본이 확실히 노인 일자리는 많았지만, 노인 복지 혜택은 우리나라보다 못하다는 느낌을 받았다. 지하철 이용료와 공원 입장료도 50% 정도만 할인해 줄 뿐이었다. 노인이 너무 많아 재정 압박이 있어서일까? 우리나라의 경우 경로 우대증 소지자는 무료다.

아홉째, 관광 자원을 적극 활용하자.

교토 동지사대학同志社大學에는 윤동주 시비가 남아 있다. 이를 보려고 찾아오는 한국 관광객이 많다고 한다. 그래서 학교 수위는 위치를 친절하게 알려 주고 한국어 안내서까지 배부해 준다. 관광 자원이 된다면 이를 적극 활용하는 모습은 배워야 할 것이다.

지방자치단체 소지역 갈등 관리 워크숍

| 2007년 7월

⊙ 지방자치단체 소지역 갈등 워크숍

대통령자문 지속가능발전위원회는 2007년 7월 18일부터 21일까지 3박4일 동안 세계교회협력센터(광진구 소재)에서 '지방자치단체 소지역 갈등 관리 워크숍'을 개최했다. 앞으로 우리 사회에서 나타날 갈등 관리의 필요성을 일깨워 주는 유익한 만남이었다.

이 워크숍은 참여자 32명(공무원 19명, 시민단체 인사 13명)을 4개 조로 나누어 공공 갈등의 이해, 갈등 영향 분석의 이론과 실습, 공공 갈등과 의사 소통, 지자체 내 갈등 및 지자체 간 갈등과 협상 실습, 지자체 갈등 성공 · 실패 요인 등에 대한 갈등의 관리와 예방에 대한 주제로 진행되었다. 참여자 모두가 열정을 가지고 격의 없는 대화와 토론을 벌이며 많은 것을 배울 수 있는 기회였다.

다음은 워크숍에서 느낀 중요 내용을 느낀 것이다.

⊙ 갈등 관리자를 양성하여 사회적 비용을 줄이자

갈등은 1987년 시민단체들이 발족되면서 부각되기 시작했다. 오늘날 국책 사업에 대한 갈등은 1990년대 말을 피크로 감소하는 추세에 있으나, 지역 사업에 대한 중앙과 지자체 간, 지자체와 지자체 간, 지자체 내 갈등은 엄청난 속도로 증가하는 추세다. 그런데도 이를 관리하고 해결할 수 있는 전문가는 국내 10여 명 안팎에 지나지 않는다. 따라서 갈등 관리에 대한 전문가를 양성하는 일은 엄청난 사회적 지출을 예방할 수 있게 한다. 지자체 소지역 간 갈등 관리를 위해 전문가의 양성과 관리는 그만큼 긴요한 사항이다. 이 분야는 앞으로 블루오션 분야로 대두될 것이므로 갈등 관리자의 조속한 양성이 필요하다.

오늘날 갈등의 발생은 아주 자연스러운 현상으로 보아야 된다. 갈등을 비용cost으로 보지 말고 자산asset이나 투자investment로 인식하고 사회적 신뢰를 쌓아가야 하며, 갈등의 해결도 좋지만 갈등의 예방이 훨씬 사회적 비용이 적게 든다는 점도 강조되었다.

⊙ 중앙 부처가 적극적인 중재 기능을 수행해야

정부가 국책 사업을 추진하는 과정에서도 갈등 이슈 관리issue management와 관련하여 '쟁점의 전환issue change'을 방지할 필요성이 강조되었다. 예를 들면 부안 방폐장의 경우에도 처음에는 ZOPAZone Of Possible Agreement 내에서 이루어지다가 점차 '유치 vs 개발'에서 '핵 vs 반핵'으로, 평택 미군기지 이전의 경우에도 처음에는 '이전 vs 개발'에서 '미군 이전 vs 미군 철수'로 전환되었다. 가치 갈등으로 전환되어 ZOPA밖으로 밀려남으로써 갈등 해결의 어려움을 겪고 있는 것이다. 이렇게 가치 갈등으로 전환되면 이해 갈등보다 갈등 해결이 어려워지는 만큼 갈등의 쟁점 전환을 방지하기 위해 이슈를 다양화하여 이슈 관리에 노력해야 한다.

부천시 장사 시설 갈등은 부천시와 반대 측 시민 간의 문제뿐만 아니라 인근 구로구, 양천구 및 인천시 부평구 등과도 관련된 복잡한 사례다. 특히 화장장 건립을 위한 그린벨트 해제 건은 건설교통부가 서울특별시와 인천광역시 · 경기도 및 유관 지자체 간 협의가 있어야 진행된다는 지침을 시달하여 협의를 둘러싼 해결의 기미가 보이지 않고 있다. 이와 같이 서울특별시 · 인천광역시 · 경기도를 포괄하는 광역 단위의 비선호 시설에 대한 갈등에 대해서는 중앙 부처가 적극적인 중재 기능을 수행할 필요성이 강조되었다.

또한 '떼법'이 '헌법'위에 있다며 과도한 요구로만 보지 말고 커뮤니케이션을 통한 쌍방적 관계 유지 노력이 필요하다. 도시 지역의 현안은 도시인이 개인 중심으로 어느 정도 경제적인 해법으로 해결이 가능한 경우도 있다. 그러나 시골 지역의 경우에는 문중 · 동문 · 마을 등 공동체적 성격이 강하고 비경제적인 요인이 많으므로 돈 중심의 해결 방식은 근시안적인 시각이다. 이 경우 주민과 대화와 감정에 호소하는 해결 방안도 필요하다는 점이 강조되었다.

⊙ 강의 도중 알게 된 인상 깊은 사례들

첫째, 국군기무사령부의 과천시 주암동 이전을 위한 담당 공무원의 숨은 노력이다.

국군기무사령부 담당자인 모 중령은 협상이 시작되기 전에 주암동으로 이사를 했다. 그리고 그곳에서 교회 활동과 주민 대화 참여 등으로 주민과의 소통 창구 역할에 최선을 다했다. 그 결과 주민과의 앙금을 풀고 협력 관계를 형성하여 협상을 성공시켰다.

둘째, 구리시의 자원 회수 시설 설치를 위한 담당 공무원의 치밀한 준비다.

당시 구리시 담당자였던 공무원은 과거 인근 서울시 노원구의 쓰레기 소각장 건설을 둘러싼 갈등 실패 사례를 벤치마킹하여 사전 준비를 철저하게 했다. 그리하여 소각장 시설이 혐오 시설이 아니라 필요 시설임을 인식시키고, 소각장 주변에 주민 편의 시설 설치 등으로 건립 과정상에 절차적 정당성을 유지하였다. 이렇게 주민 참여의 장을 합리적으로 마련함으로써 2001년 6월 11일 시운전에 성공한 뒤 지금까지도 별다른 마찰 없이 운영하고 있다.

셋째, 4대 강 유역 오염 총량제 도입과 관련한 '막걸리 모형'도 성공 사례다.

환경부에서는 낙동강, 금강, 영산강, 한강 등 4대 강 오염 총량제를 실시하면서 마음에 다가가는 자세로 주민과의 끊임없는 대화를 벌였다.

넷째, 폴란드에 용서를 구한 독일 수상의 이야기다.

서독의 4대 수상 빌리브란트는 1970년 폴란드의 수도 바르샤바를 방문해 유대인 학살 기념비를 찾았다. 헌화 도중 무릎을 꿇고 눈물을 흘리며 참회한 것을 본 폴란드 국민들은 독일에게 쌓인 묵은 감정을 풀고 화해를 받아들였다.

번외의 이야기지만, 주일 한국 대사관에서 방문자를 대상으로 빌리브란트 수상의 폴란드 추모비 방문 영상을 소개한다면 일본의 교화에 많은 도움이 될 수 있지 않을까 생각했다.

‘콩나물시루에 물 붓기’, 그래서 콩나물은 자란다

| 2006년 9월

교육을 두고 ‘콩나물시루에 물 붓기’라는 말을 한다. 교육을 한 뒤 이삼일이 지나면 남는 게 없어 보이지만, 그래도 콩나물이 자라듯 무의식중에 남는 것이 있다는 말이다. 이 글은 정부의 혁신성과 창출, 내재화를 위한 ‘혁신 격차 해소’라는 변화 관리 과정의 교육 소감이다.

정부는 2006년을 혁신성과 내재화의 해로 정하고 ‘나부터, 지금부터, 여기서부터, 할 수 있는 것부터, 쉬운 것부터’에서 출발해 이제는 ‘더불어 다함께, 언제나 끊임없이, 스스로 즐겁게, 보람과 성과 있게’라는 구호로 내실을 다지기 위해 노력했다.

‘혁신의 내재화’란 혁신 문화가 사회 각 분야로 확산되어 혁신이 문화로 체질화되는 것, 즉 시스템으로 제도화되어 문화로서 혁신이 정착되는 것으로 정의하고 있다. 행정 서비스의 혁신으로 국민의 체감을 향상시키고 정권이 바뀌어도 혁신이 지속되어 가는 과정이다.

이제는 브랜드의 힘이 없는 제품은 매장에 납품하기도 힘든 세상이 도래했다. 과거 춥고 배고픈 시절은 계절이 바뀌면 그에 맞는 의상으로 바꿔 입고, 배고플 때 밥을 먹을 수 있으면 만족하는 ‘기능적 소비’의 시대였다. 그러나 오늘날 소비자들은 기능적 소비를 ‘기호성 소비’로 바꾸었다. 의상이나 기호 식품을 선택하더라도 자기가 늘 애용하던 브랜드를 찾는다. 바야흐로 브랜드라는 ‘체험’을 파는 시대인 것이다. 제품의 질이나 서비스의 만족보다는 더 크고 좋은 추억을 제공하고 고객에게 단순한 품질의 전달이 아닌 '연출에 의한 추억의 창출'로서 경제 우위를 확보해야 한다.

미국의 마케팅 학회에서는 브랜드를 '판매자가 자신의 상품이나 서비스를 다른 경쟁자와 구별해서 표시하기 위해 사용하는 명칭 · 용어 · 상징 · 디자인 혹은 그의 결합체'라고 정의하고 있다. 브랜드란 현실성과 창조성 · 논리성이 결합된 개념으로 혁신 과제의 목적과 내용 · 효과를 함축한 것이다.

2004년의 TOP 3 브랜드는 '싸이월드, 다기능 휴대폰, 비타500', 2005년은 '청계천, 위성 DMB, 블루오션 전략'이라고 한다. 그렇다면 2006년은 무엇인지 궁금했다.

중앙공무원교육원 연수원장은 수료식에서 참여정부의 대명사인 혁신 운동이 지속할 수 있느냐에 대해 걱정을 하는 분들이 많다며 우려를 표했다. 그러나 공직자로서 어느 정권이 집권하더라도 국민의 소리를 귀담아듣고 이에 맞는 변화 관리를 철저히 해 나가는 것이 국가 발전과 국민 복지를 위해 중요하다고 강조했다.

연수 과정에서 알게 된 〈빠른 변화를 위한 느린 걸음Slow Step for Fast Change〉라는 책자도 인상적이었다. 짧게 요약하면, 과거와 역사를 뛰어넘는 현재와 미래는 없는 것이며 현재를 조급하게 생각하지 않고 충실히 살아가야 한다는 내용이었다. 국무총리비서실 정은영 사무관의 노력으로 정부중앙청사 9층 복도에 설치되어 있는 '총리비서실의 문화갤러리'라는 공간이 바로 이 '느리게 걷기'와 일맥상통하는 것이리라.

체력 관리 시간에 등산을 통해 전체 모임의 과제 해결 능력을 보이는 모습은 단체 행동과 단합에 좋은 과정이었다. 등산을 마치고 잔디밭에서 마련된 막걸리와 두부김치는 일품이었다. 그 자리에서 등산복 차림의 교육원장의 간단한 인사말도 인상적이었다.

언젠가 말레이시아 연수생과 관악산 등반을 가는데, 외국 연수생들이 처음에는 산을 오르는 것에 대해 상당히 걱정을 하더란다. 그러나 연주암을 오르내리는 우리 할머니들을 보면서 자신을 되찾았다는 것이었다. 연수 과정의 공부도 물론 중요하지만, 이런 기회에 자신의 건강과 인생에 대해 한번 되돌아보는 것도 중요한 교육이라는 말이 너무 마음에 와 닿았다.

우리의 모습을 '산악인, 등산가, 등산객, 행락객'으로 구분하자면 나 자신은 틀림없이 '행락객' 수준이지만 앞으로 등산객 수준으로 나아가도록 노력할 것을 다짐했다.

세종실록에 나타난 위민 행정 사례를 본받아야

– 선조에게 배우는 혁신 리더십 교육

| 2007년 8월

문화재청이 2007년 8월 29일부터 31일까지 경주에서 주관한 '선조에게 배우는 혁신 리더십' 과정을 다녀왔다. 가장 크게 느낀 점은, 그간의 정부 혁신 리더십, 혁신 사례 연구가 너무 서양 인물과 이론을 중심으로 전개되어 왔다는 것이었다. 이번 교육을 통해 우리 선조들의 지혜와 개혁 정신에서 좋은 사례들을 많이 배웠다. 그중 공무원이 정책 입안 과정에서 참고할 가치가 있는 세종실록의 위민 행정 사례 3가지를 소개하고자 한다.

첫째, 노비 휴가 제도다. 세종대왕(이하 세종)은 노비를 가상히 여겼다. 관노비가 출산을 할 경우 처음에는 1주일의 출산 휴가를 주다가 산전 30일과 산후 70일 합계 100일의 휴가를 주었다. 나중에는 남편 노비도 30일 간의 출산 휴가를 주었다. 현재 국가의 중요 정책인 출산 장려 정책을 입안하는 과정에서 국회나 정부, 여성가족부에서 이런 내용도 충분하게 검토했는지 궁금해졌다.

둘째, 도성 대화재와 한양 재개발 사업이다. 이는 1426년 2월 도성의 대규모 화재를 겪은 뒤에 나온 화재대응책이다. 세종은 조선시대의 소방방재청인 금화도감禁火都監을 설치하고, 서울의 행랑에 방화벽을 쌓고 일정한 간격으로 우물을 파며, 종묘와 대궐 안과 종루에 불 끄는 기계를 설치하였다. 방화범 고발자에 대해서는 양민일 경우 계급을 초월하여 관직으로 상을 주며, 천민은 양민으로 신분을 상승시키고 면포 2백 필을 주는 '화火파라치' 제도도 소개되었다. 또 화재 예방을 위해 초가를 기와집으로 개량하면서 기와를 배포하는 방식이 흥미로웠다. 세종은 백성들의 경제력에 따라 기와를 차등 있게 배분했다. 즉 재력이 부족하여 기와를 덮지 못한 3,676호에게는 반값만 받고, 빈궁한 백성 116호에는 아예 값을 받지 않았다. 그리고 재력이 있는 1,956호에는 제값을 받고 각각 1천 장씩을 주라는 지시를 내렸다. 구호품 배정 과정에서도 구호물품을 받는 백성의 자존심을 고려해서 관에서 직접 시행하지 않고 종교 단체나 이웃을 통해 배부했다.

방학 때 결식아동에게 지급하는 급식권 등을 동사무소를 통한 배부하는 것보다는 종교 단체나 시민단체 또는 이웃을 통한 지원이 어떨까 하는 생각이 들었다.

셋째, 부민(수령) 고소 금지법이다. 이것은 아랫사람이 윗사람의 잘못을 고소할 수 없도록 하는 법이다. 당시의 '하극상'을 방지하기 위한 세종의 고육책이었을까. 세종은 자기의 억울함을 주장할 수 있으면서도 수령을 함부로 능멸하지 못하게 할 방도를 찾고 있었다. 결국 '자기의 억울함을 호소하는 소장만은 수리해 바른대로 판결해 주고, 관리의 오판을 처벌하는 일은 없게 해 존비尊卑의 분수를 보전하게 하라.'고 결론을 지었다. 오늘날의 주민 소환제와 비교해 보면 많은 시사점을 주었다.

현재 진행되고 있는 경기도 하남시장에 대한 주민 소환에 많은 관심이 쏠리고 있다. 정책 결정에 앞서 주민 공청회 등 폭넓은 의견 수렴 절차를 거치지 않은 시장의 책임도 분명 적지 않다. 그러나 지금이라도 시장에 대한 주민 소환을 중단하고 신뢰받을 수 있는 중재자가 주도하는 가운데 주민 투표를 추진하면 어떨까? 주민 소환법 적용에 대한 신중한 접근과 강화된 법규 적용이 필요하지 않나 생각해 보았다.

지방자치단체장 주민소환제도에 대해 덧붙이고 싶은글

경기도 김황식 하남시장의 광역화장장건립계획과 관련해 지난 2007년 7월 주민소환제가 시행됐다. 2008년 7월 전국 최초로 수원지방법원에서 진행된 하남시장에 대한 주민소환투표 사건은 일부 하남시 주민들이 하남시 선거관리위원회에 제출한 청구서명부에 하자가 있어 모든 투표를 중단하라는 판결이 있었다. 그 후 재차 제출된 소환청구서에 따라 2008년 12월 실시된 투표에서는 투표율 미달로 현재 시장직을 유지하고 있다.
한편 김태환 제주도지사의 2009년 5월 제주해군기지 건설을 위한 정부와의 기본협약 합의 서명과 관련해서 주민의견을 충분히 수렴하지 않은 결정이라며 김지사에 대한 주민소환 서명이 진행되고 있다. 오는 9월경 예상되는 제주도민들의 주민소환 찬반투표가 국민들의 관심을 끌고 있다.
주민소환제 시행과 관련해 일각에서는 지방자치제도의 지향점인 풀뿌리 민주주의가 이제야 제대로 정착될 수 있게 될 것이라고 긍정적인 평가를 하고 있는데 반해 일부 전문가들은 정치적으로 악용될 소지가 있고 주민소환의 청구 사유가 광범위하게 인정되어 주민과 지방자치단체장 간의 불필요한 대립과 갈등을 유발할 수 있다고 우려하고 있다.
이는 지방자치단체장의 주민소환 사유가 명료하지 않은 채 각종 민원처리, 예산집행, 주택건설, 혐오시설 유치 등 단체장의 행정 권한 전반에 걸쳐 있어 반대 측으로부터 광범위한 주민소환 발의가 있을 수 있다는 점이 우려된다는 것이다. 아직까지 주민소환에 의해 지방자치단체의 장이 직을 그만둔 사례가 없어 다행이라는 생각과 함께 현행 주민소환제도에 대한 씁쓸한 부분이 분명 있으므로 이는 재검토되어야 한다고 생각한다.

여행과 사색의 순간들

고산(孤山) · 다산(茶山) · 영랑(永郎)의 삶을 보고

◉ 2004년 4월

유채 꽃밭과 그 속의 빨간 파라솔

남도南道! 포근한 들판에서 풍요를, 여인의 허리 같은 능선에서 온화함을, 시뻘건 황토에서 도자기 문화를 느낄 수 있는 곳. 영산강 좌우로 펼쳐진 유채 꽃밭과 그 속의 빨간 파라솔은 차라리 한 폭의 그림이었다. 이번 여행은 우리 문화의 소중함과 이 땅의 아름다움을 느낀 귀한 경험이었다.

영산강 장터는 내가 어렸을 적에 보았던 시골 5일장 그 모습 그대로였다. 어머니를 졸라 개떡과 돼지고기 국밥을 사 먹던 생각이 떠올랐다. 도갑사에서 본 4미터 남짓한 장방형 수조는 당시 700여 명의 승려가 사용한 우리나라 최대의 돌로 된 물통이었다나. 영암과 강진에서 보는 월출산의 모습이 내가 즐겨 찾는 도봉산의 모습과 닮았다. 꼭 한번 가보기로 마음을 먹었다. 월출산과 두륜산이 남녀 한 쌍이라니 더없이 좋아 보였다.

대흥사 입구 공중 화장실이 수세식으로 된 것을 보고 신기하고 자랑스럽기도 했지만, 한편으로는 과연 이런 곳에도 수세식이 필요하겠느냐는 동료의 지적을 듣고 고개를 끄떡였다. 그러자 환경 보전을 위해서는 최소한의 불편과 구린내는 감수 하는 것이 관광객의 도리가 아니냐는 주장도 나왔다.

보길도에서 뾰족하게 높은 산 옆의 공룡알 해변과 동백 숲도 경관이 뛰어났다. 그러나 해변 입구를 왜 시멘트로 포장을 해놓았을까 의문이 들었다. 차라리 입구를 동백나무 숲이라든지 돌길로 조성하면 어땠을까? 공룡알(자갈)을 갖고 싶은 것이 관광객의 마음인지라 이곳도 인근의 예송리 해수욕장 갯돌 해안처럼 천연기념물로 지정해서 미리 대책을 세우고 돌을 가져가지 않도록 계도하면 좋겠다는 생각도 들었다.

⊙ 연중 얼지 않는 땅 보길도

해남에서 보길도로 가는 배에서 한국통신 차량과 전신주를 보았다. 통신과 전기를 해저로 연결시켜 놓고 보길도의 물을 바다 밑 관을 통해 다른 섬으로 보낸다고 하니 우리의 국력을 느낄 수 있었다. 보길도 앞 넙도에는 김 공장이 많고 하루에 1,000톤의 민물이 필요하다고 하니 보길도의 물은 중요한 자원이었다.

보길도! 이곳은 연중 땅이 얼지 않고 늘 상록수가 있는 섬이란다. 유난히 눈이 많았던 올 겨울에도 이곳엔 1.5센티미터의 눈밖에 내리지 않았다고 하니 해남 땅 끝에서 배로 1시간 만에 도착한 이곳의 위치를 어렴풋이나마 짐작할 수 있었다.

우리나라에는 3,000여 개 섬이 있는데, 그 가운데 신안군에 300여 개, 해남군에 200여 개의 섬이 있단다. 땅 끝에서 20킬로미터 떨어진

이곳 보길도에서 보이는 추자도는 12킬로미터 거리인데 제주도에서 60킬로미터라니 추자도는 해남군에 훨씬 가깝다고 한다. 멀다고만 생각하던 제주도가 여기서는 얼마 안 되게 느껴지니 역시 많이 다녀봐야 된다는 생각도 들었다.

◉ 영랑 생가 돌담의 햇살은 따사했다

영랑 생가에는 붉은 모란이 활짝 피어 있었다. 돌담에 비친 햇살도 따사했다. 여기에서 강진만을 굽어보면 감미로운 시상이 저절로 떠오르는 것일까.

관동 대지진으로 일본 수학을 마치지 못하고 귀국하여 당시 박용철, 정지용 등과 함께 〈시문학〉 지를 창간하여 〈모란이 피기까지는〉 등 일제 치하의 우울한 국민의 심정을 어루만져 주는 서정시를 쓴 영랑. 멀리 생가까지 찾아와 반갑게 인사를 건넸지만 선생은 말없이 큰 방에서 시상에 잠겨 있었다. 이제 우리에게 어떤 시를 선물하시려는 것일까. '기다림'을 깨달아야 할 때다.

◉ 만덕산 정귀농이 집필하는 모습이 어른거린다

만덕산 정귀농丁歸農은 정말 훌륭한 학자였다. 다산기념관에서 배다리와 수원성을 축성하는 데 사용된 거중기의 설계 도면을 보고서 그 입체성과 정밀성에 놀랐다. 기하학과 관련된 지식이 없이는 불가능한 일이었다. 그가 주장한 여전제呂田制를 보면 오늘날 사회주의 사상과 흡사하단다. 서교(천주교)를 통해 새로운 학문을 접해 사상의 폭이 그렇게 넓어진 것일까. 자신이 꿈꾸던 이상을 현실 정치에서 펴보지는 못하였지만 유배지에서 그가 보인 학문의 깊이에 다시 한 번 경의를 표하고 싶은 마음이 일었다.

다산이 귀양을 가 있던 둘째 형 정약전을 기리며 천일각에서 바라보았다는 강진만의 모습은 한 폭의 그림이었다고 한다. 고산과 다산 두 분은 수차례에 걸친 시련과 고난의 유배 생활을 통해 훌륭한 작품을 남겼다. 이는 황토가 가마를, 무쇠가 화롯불을 거쳐 훌륭한 작품이 되는 이치와 같은 것이라고 했다.

간척이 되지 않았던 3년 전만 하더라도 이곳 강진만 18번 도로 옆에는 바닷물이 출렁거리며 아름다운 풍경을 만들었고 어민들의 소득도 좋았다고 한다. 간척으로 인한 소득보다는 갯벌에 의한 어민 소득이 2.8배나 된다는 학계의 연구도 있었다. 갯벌 보존의 필요성과 아울러 골칫거리로 등장한 새만금 간척 사업도 새로운 시각에서 다시 검토해야 한다는 지적을 우리는 어떻게 받아들여야 할까.

⊙ 자연과의 조화를 이룬 이상 세계의 고산

동천석실에서 바라본 격자봉과 낙서제 조산의 풍경이 좋아서 고산의 훌륭한 시조가 탄생될 수 있었을까. 이번 답사로 고산에 대한 인식이 헷갈린다.

조산에서 동천석실까지 밧줄을 설치해 일종의 케이블 카를 만들고, 세연정과 낙서제에 봉화대를 설치하는 한편, 동대와 서대에서 풍악과 무희들의 춤과 미산유록薇山遊鹿을 즐겼다니 다산이 동암과 서암에서 학문에 몰두한 것과 비교하면 왠지 씁쓸한 마음이 든다. 유배 은둔 생활 치고는 너무 호화로웠다는 지적은 일단 뒤로하고, 자연과의 조화 속에 이상 세계를 즐긴 그의 풍류가 멋진 삶이었다고 이해해 주면 안 될까.

한편 이곳 보길초등학교는 2년 전에 25억 원의 예산을 들여 학교를 말끔히 정비했다. 그러나 보길도 문화 정비 사업의 일환으로 학교를 다른 곳으로 이전해야 한단다. 예산 편성과 집행에 큰 교훈으로 삼아야 한다는 생각이 들었다.

⊙ 관광 상품 개발에 관심을 가져야

백련사 사찰입구 주차장 기념품 판매소에서 팔고 있는 나무로 만든 '쪽 바가지' 뒤를 보니 '메이드 인 필리핀made in Phillipine'이었고 진열대 위에 놓인 항아리도 국적 불명이었다. 외국인 관광객이 이것을 사 가지고 귀국해서 이를 보면 어떻게 생각할지 걱정이 되었다. 가격 면에서 수지가 맞지 않아 할 수 없다는 주인의 변명에는 할 말이 없었다. 전국의 관광지 어디나 다르지 않을 터이니 정부에서 이에 대한 관심을 가져야 할 것이다. 그나마 마음이 끌린 '솔잎차'도 3만 원으로 포장이 되어 있어서 선뜻 살수가 없어 망설였다. 주인한테 조그맣게 만 원짜리도 만들어 놓아두면 형편에 따라 살 수도 있고 더 많이 팔릴 수 있지 않겠느냐고 말했지만 달갑지 않다는 표정이었다.

새소리를 들으며 나무 터널을 통과하는 대흥사로 가는 길과, 사찰 입구까지 온통 시멘트로 포장한 백련사 입구는 너무 대조적이었다. 전통 사찰의 입구만이라도 제발 시멘트 포장은 안했으면 하는 마음이다.

⊙ 우리 아이들도 톳을 먹어야 한다

보길도를 멀리하고 완도로 향했다. 탁 트인 바다, 시간 반 동안 선장실 옆에서 오랜만에 수평선과 작은 섬들을 바라보며 주위를 내 맘대로 그리고 마시고 담았다. 가슴을 활짝 펴고 타이타닉의 마지막 장면을 연출하려는 동료의 엉덩이를 살짝 밀친 것도 자연의 순수함이 가져다 준 장난기였다.

이곳 남해 청정 해역에서는 톳이 많이 생산된다. 톳은 다른 식품에 비해 무기질이 풍부하고 철분이 많은 해조류된다고 한다. 일본은 초등학교 학생들의 각기병脚氣病 예방을 위해 학교 급식에 이를 사용하고 있다고 한다. 우리도 국력을 키워 우리 아이들에게 이런 좋은 것을 실컷 먹여야 하겠다.

땅 끝 바닷가 바위틈 속에서 자라고 있는 억센 소나무, 그리고 바람을 이기기 위한 앉은뱅이 보리를 보니 설악산 태청봉 정상 부근에서 옆으로 자라고 있던 측백나무가 떠올랐다. 그들은 모두 자연에 적응하고 이겨 나가는 이치를 나에게 가르쳐 주고 있었다.

이틀이나 백두산 맑은 천지를 바라보다

| 2008년 6월

우선, 2008년 6월 21일부터 24일까지 백두산 트래킹을 준비해 준 솔바위산악회 회원들께 감사를 드린다. 내가 무사히 산행을 마치게 된 것은 모두 그들 덕분이었다.

공직 생활에서 모처럼 연가를 받고 백두산 트래킹을 감행했다. 그간의 예비 산행에도 제대로 참석하지 못해 일행에 폐를 끼치지 않을까 걱정도 했지만 '하면 된다.'는 마음가짐으로 도전해 보았다. 이제 얼마 남지 않은 공직 생활의 마지막 등반을 솔바위 회원과 함께한다고 생각하니 마음이 한결 흐뭇했다. 하지만 산행 도중 어려움을 겪는 동료에게 제대로 보탬을 주지 못해 미안한 마음도 남았다. 날씨 덕분에 천지를 실컷 보기도 하고 천둥과 우박을 동반한 소나기도 맞았다. 이렇게 변화무쌍한 백두산의 모습을 보면서 인간은 자연에 한없이 미미한 존재로 항상 겸허해야 한다는 것을 느꼈다.

처음 밟아보는 중국땅 신양審陽 공항의 검문은 1시간 넘게 소요되었다. 베이징올림픽 개최 때문이라고 이해는 가지만, 내방객을 위한 편의 측면에서는 아직 미비한 시스템이었다. 공항 화장실은 우리의 시골 정류장 화장실 정도의 수준이었으며, 사람들이 파리채를 들고 파리를 잡는 모습을 보면서 어릴 적 시골 풍경을 떠올렸다.

우리 일행을 태운 44인승 버스는 94년에 대우에서 만들어진 것이었다.

썩 마음이 내키지는 않았지만 그런대로 잘 달렸다. 나중에 그 버스 타이어가 재생 타이어였다는 말을 들으니 기가 막혔다.

신양 시 외곽을 벗어나 한참을 달렸는데도 산은 보이지 않았다. 갈림길에 이정표가 없어 차를 세워 두고 가이드가 길을 알아보고서야 다시 출발할 수 있었다. 고속도로를 달리는 차량이 간간이 보였다. 신양에서 서파까지 도로를 신설하는 곳이 많아 앞으로 이 도로가 완공되면 2~3시간은 단축될 것이라고 가이드는 설명했다.

12시가 넘어서 야밤에 도착한 서파 쪽 산장에서의 하룻밤 잠은 꿀맛이었다. 아침밥 반찬은 너무 짜서 먹기가 힘들었지만 먼 산행을 위해 많이 먹어 두었다.

⊙ 백두산 여정의 이런저런 단상

신양 연길을 통한 백두산 여정은 비용과 시간은 물론 힘이 드는 길이었다. 금강산, 묘향산, 백두산 환상적인 트래킹 코스가 하루빨리 개통되기를 기대해 본다. 우리의 건설 기술이 뛰어나므로 중국을 통하는 길보다는 훨씬 좋은 길을 만들 것이며, 돈을 써도 통일 비용이라 생각하면 덜 아까울 것이다.

백두산 트래킹 비용이 1인당 15만 원 정도라니 입장료 치고는 엄청나게 비싼 요금이다. 단체 산악 트래킹에는 규정상 중국인 현지 가이드 2명이 따라 붙는데, 이들은 우리 일행을 안내하기보다는 감시하고 있다는 느낌이 들었다.

친구는 백두산 천지와 한강수를 합수시킨다면서 출발 당일 새벽 한강물을 페트병에 담아 왔다. 그런데 막상 천지를 보고 나서도 다가갈 수 없다고 하니 이를 어쩌나. 전망대 마른 땅 위로 그냥 한강물을 따르면서 이 물이 흘러 천지에 도달하기를 기원하였으니 틀림없이 합수가 되었을 거다.

백운봉을 가는 길, 우리 일행은 중국인 가이드가 점심을 먹으러 간 사이에 적당한 장소에서 간단한 산신제를 올렸다.

⊙ 광장 놀이 문화를 확산시켜야 한다

신양에서 서파로 가는 도중 시민들이 모이는 광장의 모습이 새로웠다. 저녁 7시가 넘어 어두어 지는데도 불을 밝히는 가정은 별로 없고 광장으로 모인단다. 아마 사회주의의 집단 문화에서 기인된 것이 아닐까.

신양의 모택동 광장은 밤이 되면 많은 시민이 모여 즐기는 곳이란다. 연길시 진달래 광장의 밤은 시민들의 건강관리와 대화의 장이었다. 대형 가로등 불빛 아래 광장 중심에는 남녀노소 구분 없이 쿵후 같은 부드러운 춤 체조를 하고 있었다. 여행객인 나도 즐거운 마음으로 따라해 보았으나 동작이 제대로 되지 않았다. 큰 광장 둘레로 펼쳐지는 음악광장은 3위안(500원 정도)을 내면 자신이 나아가 노래를 할 수 있었다. 다른 시민들도 따라 부르고 춤도 추는, 모든 시민이 함께하는 멋진 공간이었다. 그곳이 바로 반상회 장소이고 이웃과 대화를 나누는 소통의 마당이었다.

특히 젊은이들은 제기차기 · 공놀이 등 그들 나름대로의 놀이를 즐기고 있었다. 어린 꼬마들도 부모들의 도움으로 널뛰기 놀이로 담력을 기르는 모습을 보면서 우리의 서울광장도 시위의 광장에서 문화의 광장으로 바뀌어야 한다고 생각했다. 각 지방자치단체에서도 시민들을 위한 광장 조성에 많은 관심을 갖기를 기대해 본다.

⊙ 교민의 삶의 질 향상에 관심을 기울여야

중국에 살고 있는 우리 동포는 약 200만 명 정도. 그중 연변에 85만 명, 신양에 15만 명이 된다고 한다. 고용주는 조선족인데 종업원은 한족이 많단다. 조선족의 인건비가 비싸고 능력이 뛰어나서 그렇다니까 왠지 기분은 좋았다.

연변 지역의 농산물은 동북 3성에서 알아준다고 했다. 양자강 이남은 2~3모작을 하는 데 반해 양자강 이북은 1모작으로 생산량은 적으나 곡식의 질은 알아준다니 이 또한 축복이다.

연길의 조선족들은 대한민국이 번창해야 자기들도 잘살게 된다는 인식을 갖고 있었다. 1997년 한국이 IMF 구제 금융을 받았을 때, 그들도 고생 끝에 번 돈의 가치가 절반으로 떨어지는 걸 보고 더 많이 느꼈다고 한다.

조선족 대학이 중국의 일류 대학으로 발전 되었으면 하는 생각도 들었다. 그렇게 되면 한국의 힘도 더 커지리라. 연길의 문화 수준이 중국 사람들을 리드하도록 만들어야 한다. 대성중학교의 윤동주 시비를 둘러보고 기념관에 비치된 안중근 · 이상설 등 독립투사의 활동상을 보고 나서 많은 생각에 잠기기도 했다.

⦿ 다시 보는 중국의 인구 실상

중국의 인구는 1995년 기준으로 13억에서 16억 명으로 추산하고 있다. 강력한 출산 억제 정책으로 한 가정당 두 번째 아이부터는 1만 위안(약 150만 원)의 벌금을 물게 되어 있어 호적이 없는 아이도 2억 명이 넘는다고 한다. 9억 명 인구가 일일이 손으로 농사를 짓고 있다고 한다. 이것은 1인이 기계화해서 10인 몫을 하게 되면 9명의 실업자가 발생하기 때문이라고 하는데, 제법 그럴 듯하게 들렸다.

마음의 관광, 행운의 관광, 고향 속의 관광. 몇 시간을 달려도 산이 보이지 않았다. 계속되는 버드나무 숲을 지나니 밭고랑이 나타났는데, 그 고랑이 얼마나 긴지 끝이 보이지를 않았다. 소를 몰고 하루에 몇 고랑이나 쟁기질을 할까 궁금해졌다.

코카콜라를 중국어로 표기하는 1억 원 공모에 '가구가락可口可樂'이 발음과 뜻이 같다며 당선되었다고 한다. '복福' 자를 거꾸로 써 붙이고 웃어야 하늘에서 복이 떨어진다고 했다.

야산이나 밭에는 무덤이 안 보였다. 등소평이 솔선수범하여 화장을 한 뒤에 이렇게 되었다고 한다. 수십억 인구가 매장을 하다 보면 100년 뒤면 전 국토가 '죽은 사람 반, 산 사람 반'으로 되어 경작지가 사라지게 될 것이다. 전 국토가 묘지로 둔갑되는 것을 막는 데는 화장밖에 도리가 없으리라.

⦿ 조선족의 생활 실태

중국은 13~16억 명의 인구 가운데 한족이 92%이고, 나머지 55개 소수민족이 8%를 차지한다. 소수민족 중에서는 조선족이 200만 인구로 세 번째로 많다. 만주족은 1,000만 명이나 되는데도 그들의 문자와 언어가 사라지고 한족에 동화되어 버렸으나, 조선족은 고유의 말과 글을 가지고 단결심이 강해 우수 민족으로 건재하다고 하니 가슴 뿌듯한 마음이 들었다. 대학 졸업생이 모이는 인재 시장에는 조선족이 많은 반면 잡부들이 모여드는 인력 시장에는 한족들이 많다고 한다.

연변 자치주에서는 간판을 한글과 한자를 같이 적도록 하고 있으며, 이를 위반하면 벌금을 매긴다고 한다. 그리고 한족이 두 번째 아이를 출생할 때는 벌이 있는 데 반해 오히려 조선족자치주에는 두 번째 아기 출생 시 5,000위안의 출생 장려금을 주고, 세 번째 이후부터는 학비 면제 등의 지원 제도를 펼치고 있다니 조선족 선조들의 노력에 감동할 뿐이다. 연길에서 토문강을 가는 길에 사과배나무(사과나무와 배나무 교접)가 150만 주나 된다고 했다. 밭고랑도 얼마나 긴지 끝이 가물가물거렸다.

신양시 서탑가에는 평양관, 모란관, 돈텔마마, 현풍할매곰탕 등 온통 한글 간판으로 중국 속의 서울로 착각할 정도였다. 특히 이곳에서는 냉면, 불고기, 김치가 인기를 끌고 있다니 대장금의 여파로 우리 고유 음식 역시 으뜸이라고 했다.

그러나 한족은 다른 민족을 서서히 동화시키는 무서운 민족이라는 사실에 방심해서는 안 된다. 지금껏 조선족이 관리해 온 백두산도 이제는 장백산이라 부르면서 중국인이 관리하고 있었다.

"올림픽 이후에는 큰 변화가 일어날 것이다."라는 가이드의 말을 들으면서 앞으로 그들이 추진하고 있는 동북공정이 더 강화되리라 예상했다. 우리도 능동적인 대응논리 개발과 역사 연구에 과감한 지원을 해야 될 것이다.

⊙ 날로 발전하는 신양시

우리 선조들이 중국 땅에서 개고기 장사하던 봉천땅이 바로 이곳 신양이란다. 2008년 올림픽 축구 4강전이 이곳에서 열린다고 하여 도로확장 · 간판 정비 등 시가지 단장에 바쁜 모습이었다. 광장에는 교통 보조원을 알바로 고용하여 생활비를 지급하고, 이들을 교육시키는 장면도 눈에 띄었다. 중국에서 운전을 잘한다는 것은 빵소니를 잘 친다는 뜻일 정도로 교통질서가 잘 지켜지지 않는 실정이란다. 그러나 일방통행로에도 버스만큼은 역방향 차선을 두어 시민들의 편의를 도모한단다. 이는 우리나라 교통 정책보다 한발 앞선다는 느낌을 받았다.

신양시는 840만 명이 사는, 중국 다섯 번째 중공업 중심 지대의 도시다. 4월에는 황사 현상이 매우 심하다고 했다. 신양을 가로지는 오리하五里河 강물은 서울의 한강에 비하면 너무 오염이 심해 앞으로 이를 정화하려면 엄청난 예산이 소요될 것 같았다. 강변 공원 시설도 아주 미비한 수준이었다.

북능 입구 양쪽을 지키는 사자상은 오른발로 공을 밟고 있고, 왼발로는 새끼 사자를 어루만지고 있다. 이것은 지구를 지배하고 자손을 가르친다는 의미라고 한다.

입구에 들어서자 붓에 물을 찍어 길바닥에 글을 쓰는 노인이 있었다.

나는 그가 인간이 아닌 신의 계시를 받고 우리에게 교시하는 글을 적어 내려가는 게 아닐까 생각했다. 이 글을 그냥 말려 버리기에 아깝다는 느낌이 들어 누군가 이를 영상에 담아 간직하였으면 하는 마음도 들었다.

⊙ 두만강 푸른 물에 노 젓는 뱃사공

두만강 중류 강폭은 너무 좁아 무릎까지 차는 개울 수준이다. 2미터만 건너면 국경을 넘게 되는 지점도 있다. 그리고 중국과 북한의 국경에는 철조망이 없었다. 가끔 차창 밖으로 북측을 바라보니 10명 정도가 집단 농사를 하는 장면이 펼쳐졌다. 두만강을 사이에 둔 중국의 토문시와 북한의 남양시를 연결하는 토문 철교는 중간이 경계선이다. 강을 공동으로 이용하고 있어 월경하여 땅을 밟지 않는 한 월경죄에는 저촉되지 않는다고 했다.

서울과 연길에 KTX가 개통되면 3시간 반 밖에 걸리지 않는다고 하니 하루빨리 철도가 연결되어 이곳을 통해 백두산을 오르내렸으면 하는 마음이 든다. 토문으로 오는 길에 저쪽 북한 땅 야산에 '21세기 태양 위대한 김정일 장군 만세'라는 간판이 보였지만, 토문에서 바라본 북한쪽 산은 온통 벌거숭이 뿐이었다. 이 계단식 농법으로 산림이 황폐화되고 농토가 망가진 것을 생각하니 위정자의 책임이 얼마나 큰지를 다시 한 번 느꼈다.

대나무 뗏목을 타고 노 젓는 뱃사공과 함께 두만강에 발을 담그면서 몇 분간의 시심에 잠겨 보았다. 하지만 지금 생각해 보니 막상 '두만강 푸른 물에 노 젓는 뱃사공' 노래를 부르지 못한 게 못내 아쉽다.

제주도민의 열린 마음을 기대하면서

| 2009년 1월

⊙ 명동에 붐비는 일본인 관광객 제주도에서도 보였으면

엔화가 강세인 요즈음 서울 명동 일대에는 일본인 관광객들로 북적이고 있다. 그런데 제주도는 일본인이나 중국인 관광객에게도 인기가 덜한 느낌이 들었다. 지금은 국내 신혼부부들에게도 외면 받고 있는 실정이다. 이런 현상을 제주도민들은 이상하다고 느끼지 않는 것일까?

제주특별자치도가 이름에 걸맞게 되기 위해서는 헌법에서 정한 사항을 제외한 모든 규정을 제주도로 넘겨야 한다는 우스개 아닌 우스개를 들은 적이 있다. 제주특별자치도가 출범한지도 벌써 어언 30개월이 다가오고 있다. 이제 제주도민은 발상의 전환을 해야 할 때다.

2008년 10월 싱가포르 KOTRA를 방문하여 소개받은 내용과 2008년 12월 말 친구들과 함께 제주 여행을 다녀오면서 느낀 점을 비교하게 된다. 이제 제주도가 싱가포르를 뛰어넘는 관광 · 의료도시로 성장하기 위해서는 제주도민의 열린 마음과 함께 다음 세 가지를 주문하고 싶다.

⊙ '영리병원 설립' 싱가포르의 개방 정신을 본받아야

싱가포르는 인구가 484만 명으로 제주도 인구의 10배, 우리나라 인구의 1/10수준에 불과하다. 의과대학은 국립 의과대학 1곳만 존재하며, 연간 200명의 의사를 배출하는데 반해 우리나라는 10개의 국립 의

과대학과 31개의 사립 의과대학 등 41개 대학에서 연간 10,000여 명의 의사를 배출하고 있다. 의료진이나 기술 면에서 우리와 비교되지 않는 수준이다.

그런데도 싱가포르는 'Singapore Medicine'을 국가 차원의 세계적인 브랜드로 추진하고 있다. 2003년 7월 생후 4개월의 한국인 샴쌍둥이 자매의 분리 수술 등 성공 사례를 홍보하면서 2012년까지 외국인 환자 100만 명 유치를 목표로 연간 15억 달러(GDP의 1%)의 부가가치 창출과 80만 개의 일자리 확충을 추진하고 있다. 치료를 목적으로 온 외국인 환자들은 대개 2주일 정도 머물고 평균적으로 의료비 외에도 약 1만 달러를 지출하는 것으로 알려져 있다. 싱가포르가 2006년에 유치한 외국인 환자 수는 41만 명으로, 2000년 15만 명 대비 매년 평균 15~20% 상승하는 중이다.

의약분업이 안 되어 있고 의료 수가와 보험료도 우리보다 훨씬 비싼 싱가포르가 의료 허브를 추진하고 있다니 뭔가 잘못된 느낌이다. 그곳보다 의료 수가가 낮으면서 의료 시설이나 기술이 높고 관광자원도 풍부한 우리의 제주도는 주민 투표에서 아쉽게도 '영리법인 설립'이 부결되었다. 이제라도 관광과 함께하는 의료산업을 하루빨리 선진화시킬 수 있도록 제주도민의 발상의 전환이 이루어져야 한다.

⊙ 카지노와 복합 리조트 건설 등 관광자원을 개척하자

싱가포르는 2015년까지 관광객 1,700만 명 유치와 관광 수입 300억 달러 달성을 목표로 카지노 건설 등 관광자원을 개척한다고 한다. 단기적으로 3만 5000명, 장기적으로 10만 명에 이르는 신규 고용 창출과 15억 싱가포르달러(GDP성장률 0.6~0.8%)의 국내 생산 증대 효과를 기대하고 있다.

특히 우리나라 쌍용건설이 바다 매립지에 건설 중인 '마리나베이 샌즈 IR Integrated Resort'은 대표적 관광 인프라다. 지하 3층 지상 55층 호텔 3개동(객실 2,600실)에, 3개 동을 연결하는 12,000㎡의 하늘 공원 Sky Park, 컨벤션센터, 카지노장, 박물관이 기울어 올라가는 새로운 공법에 따라 건축되고 있다. 이 건물이 완공되면 세계적인 명물로 떠오를 것이다.

우리나라도 오락을 즐기는 중국인 관광객(상류층 6천만~8천만 명으로 추정)과 일본 관광객 유치를 위해서 하루빨리 이곳 제주도에 한해서 카지노를 포함한 복합 리조트 건설이 적극 추진되었으면 한다.

⊙ 도민이 뭉쳐 '3福 3寶 3源'의 밝은 제주를 만들자

제주 영어 교육도시 건설, 제주 해군기지 건설, 한라산 케이블카 설치 등 현안도 산재해 있다. 그렇지만 이제 제주가 의료와 관광에 있어서는 세계 최고의 도시라는 인식을 가질 수 있도록 제주도민이 한데 뭉쳐야 한다.

제주도는 예로부터 3다多3무無로 불렸다. 바람이 강하게 부는 날에는 지하의 대규모 카지노장에서 관광과 오락을 즐기고, 돌 문화 박물관에서 역사가 흐르는 제주도 문화를 접하며, 제주해녀박물관에서 제주 여성의 강인한 정신을 알려야 한다.

이제 제주의 3다多는 3보寶로(돌은 돌문화로, 바람은 친환경 풍력발

전으로, 여자는 제주해녀의 삶과 정신으로), 3무無는 3복福으로(도둑이 없는 최고의 치안을 자랑하고, 거지가 없는 더불어 잘사는 복지 사회로, 문이 없는 열린 사회로) 승화해야 한다. 더불어 3원源인 해안 자원, 식물 자원, 언어 자원(제주방언 사투리)을 잘 활용해서 미래에는 '3복福 3보寶 3원源'의 세계적 명소로 자리매김해 나가야 한다.

현재 제주도 곳곳에 걸린 '도민의 시대, 새로운 도전, 제주특별자치도', '함께 누릴 푸른 제주', 'We love having you here' 등의 현수막과 같이 제주도가 훌륭한 관광자원으로 탈바꿈하기를 바라면서, 제주도민의 긍정적이고 적극적인 발상의 전환을 기대해 본다.

자굴산을 다녀와서 의령인의 긍지를 느끼고

| 2007년 4월

⊙ 자굴산 자락의 산수유가 꽃을 피울 때

우리 솥바위산악회(재경 의령중학교 및 의령여중학교 동창회 산악회) 회원들은 매년 봄에 고향산천에 나무를 심기로 약속했다. 그 첫 행사로 오늘 자굴산 자락에 산수유 300그루를 심었다. 우리 회원들의 열정도 대단했지만 토요일을 반납하고 나무 심는 것을 도와주신 의령군청 생산물유통과장을 비롯한 직원들께 감사를 드린다. 모두가 정성스럽게 심은 이 산수유는 아마도 잘 자랄 것이다. 서울로 돌아오는 길에 내린 단비가 그럴 것이라고 속삭이는 듯했다.

나무를 심은 후 산모퉁이에서 시원한 바람을 맞으며 목을 축인 걸걸한 막걸리와 두부 맛을 잊을 수 없다. 이것이 천하일품의 주안상이 아닐까? 자굴산 정상에서 마신 정상주 또한 언제 그런 맛을 다시 맛볼 수 있을까? 금지샘과 진달래 터널을 힘들게 올랐기에 막걸리와 두부가 더욱 감칠맛 나게 느껴졌던 것이리라.

골짜기 마다 추억이 흐르는 자굴산을 떠올릴 때마다 지금 건설되고 있는 자굴산 도로에 대해 의문이 생긴다. 자굴산은 우리 의령인의 기상과 자긍심이 배어있는 영산이다. 그 산의 허리가 싹둑 잘리는 모습을 보면 내 몸이 두 동강 나는 것처럼 아프다. 그리고 자연에 대한 인간의 도전이 무모하다는 사실을 새삼 깨닫는다. 아직 늦지 않았다. 이제부터라도 환경과 조화를 이루는 '지속가능한 개발' 대해 관심을 가져야 한다.

자굴산 하산 후 우리 일행은 정암의 솥바위로 향했다. 정암루에서 함안쪽을 내려다 보면서, 임진왜란 당시 왜적을 일망타진시킨 망우당 홍의장군의 늠름한 모습을 되새겨 보았다. 임진왜란 때 최초의 의병장인 망우당 홍의장군 곽재우, 백산상회를 건립하여 상해임시정부 등에 독립운동자금을 지원한 항일독립운동가 백산 안희제 선생, 우리나라 경제의 선두주자인 삼성그룹을 창업한 호암 이병철 회장, 관정교육재단을 설립하여 장학사업을 벌이고 있는 삼영화학그룹 이종환 회장 등은 의령을 대표하는 인물로 우리 고장의 자랑이다.

언젠가 세종문화회관에서 '한글학자 100인전'이 열렸는데 우리 의령인이 3분(고루 이극로, 남저 이우식, 한뫼 안호상)이나 되는 것을 보고 '문화 의령'의 기상을 느꼈다. 현재 '한글학회 김승곤회장님도 우리 의령인이라는 사실을 안다면 그 긍지를 가져도 충분할 것이다.

솥바위 전설(사방 이 십리에 나라를 크게 울리는 국부國富 세 명이 태어날 거라는 전설)을 상기하면서 이제는 어려운 경제를 일으켜야 하는 '경제 의병'에 우리 의령인이 앞장서 나가야 되지 않을까 생각했다.

⊙ 자굴산과 솥바위는 의령인의 기상

의령초등학교와 중학교의 교가를 불러 보면 맨 먼저 나오는 귀절이 자굴산과 솥바위이다.

'자굴산 굳은 정기 가슴에 안고…… 정암강 맑은 물 유유히 흘러…… 구름에 솟아난 자굴산 끝도…… 솥바위 스치는 잔잔한 물도……'

고향이 그리워질 때나 살다가 힘든 일이 있으면 마음속으로 교가를 부르면서 마음을 달랜다. 나는 중학교 교가 중 '이 팔뚝 이 다리 힘이 솟으니 어떠한 큰일도 감당하리라'는 부분을 힘주어 즐겨 부른다. 그리고 우리 동문들은 모두가 이러한 정신이 몸에 배인 채 살아 왔고 또 살아갈 것이다.

그래서 그런지 재경 의령향우회원들이 즐겨 찾는 산악회도 자굴산 산악회와 솥바위산악회이다. 자굴산 산악회는 재경 의령군 향우들을 대상으로 매월 셋째 토요일에, '솥바위산악회'는 재경 의령중학교동문들을 대상으로 매월 둘째 토요일에 모여 즐거운 산행을 떠난다. 정말 허물없고 고향의 정을 느끼는 산행으로 힘든 도시생활에서 새로운 활력소가 되고 있다. 자굴산과 솥바위가 우리 의령인의 기상이라는 데 의견을 달리하는 향우는 아마 아무도 없을 것이다. 자굴산과 솥바위 정기를 받은 의령인이여 영원하라

◉ 의령 별미 망개떡과 쇠고기 국밥, 의령소바

멥쌀로 찐 떡에 팥을 넣고 망개(청다래 덩굴)잎으로 싼 '망개떡'과 진하게 우려낸 쇠고기 국물에 신선한 선지와 콩나물, 무, 파 등을 넣고 펄펄 끓인 '쇠고기국밥'. 따뜻한 국물에 메밀국수를 말아낸 '의령소바'(소바가 일본말이지만 그렇게 불리고 있다)가 의령의 별미다. 향우들은 물론이려니와 의령을 찾아오는 손님은 의령의 별미를 맛보고 가시기를 권해 드린다.

남의 잔칫날엔 함께 기뻐하는 마음을 가졌으면

| 2004년 5월

지난 토요일 불기 2543년 초파일이었다. 불교 신도는 아니지만 등산도 할 겸해서 도봉산 관음사로 향했다. 도봉산 입구 19번 종점에 내리니 길 한복판에서 이상한 광경이 펼쳐졌다.

어린이와 아녀자들을 포함한 10여 명의 무리가 "예수를 믿읍시다, 구원을 받읍시다."라며 핸드 마이크를 통해 선창하고 복창하면서 주차장 주위를 맴돌고 있었다. 초파일 공휴일에 도봉산 부근의 절을 찾은 신도들과 등산객들의 이맛살을 찌푸리게 했다.

관음사를 찾아 '부처님 오신 날'을 봉축드리고 공양을 맛있게 얻어먹고 도봉산 주등산로로 나섰다. 관음사 모퉁이를 돌아서자 이제는 멀쩡한 40대의 남자가 또다시 "예수님은 살아 있습니다. 지옥을 가지 않으려면 예수님을 믿어야 합니다."라고 설교 아닌 무례한 행동을 하고 있어 참을 수가 없었다.

나는 "여보시오, 남의 잔칫집에 와서 훼방을 놓아서야 되겠습니까. 불교신자들이 성탄절 날 교회 앞에 나타나 부처님을 믿으라고 하는 모습을 본 적이 있습니까." 하고 되물었다. 그러나 그는 아랑곳하지 않고 '예수 천국'을 외쳤다.

언젠가 초파일날 길상사를 찾은 김수환 추기경과 그를 따뜻이 맞이하는 법정스님의 모습이 떠오른다. 꽃동네 오웅진 신부도 사람은 천주교든 불교든 신앙을 가지는 것이 좋다는 말씀과 함께 꽃동네 회원 중에는 스님도 다수 있다고 설명해 주셨다.

봉축 법요식과 성탄절에는 각계 성직자 대표들이 참석하는 모습을 상상해 보면서 남의 신앙도 존중하고 남의 잔칫날도 함께 기뻐하는 성숙된 신앙인이 되기를 바라는 마음이다.

욕심을 버리는 사회지도층이 되기를

| 1997년 5월

따사한 봄날 직장 동료와 함께 자연보호 활동을 겸해서 북한산 일선사日禪寺에 다녀왔다. 암자 게시판에 게재된 한시 한 구절이 오늘의 우리 세태를 잘 꼬집는 좋은 표현이라고 생각되어 널리 알리고 싶은 마음에서 옮겨 적는다.

"일일수심一日修心은 천재보千載寶요, 백년탐물百年貪物은 일조진一朝塵이니라."

하루하루 마음을 닦는 것은 보물을 차곡차곡 쌓는 것이며, 백년에 걸쳐 쌓은 탐물은 하루아침에 티끌이 된다고 하니, 오늘의 우리 현실을 잘 나타내고 있다고 느껴졌다. 비리의 표본이 되고 있는 몇몇 정치인, 고위 공직자나 얼빠진 교육 비리 장본인들이 국민에게 진솔하게 참회하는 모습을 보지 못하는 현실이 안타깝기만 하다.

그 당시 상황에서 여건이 허락하지 못해 투기를 못 했지, 안 하려고 한 사람이 있겠는가라고 강변할 수도 있겠다. 그렇지만 카멜레온 같은 사회 지도층 인사들이 권력이나 지위를 이용하여 상식으로 이해할 수 없는 부자가 되었으니, 수십 년을 열심히 살아도 집 한 칸 마련하지 못한 서민의 마음은 어떻겠는가? 과거의 잘못을 그대로 밝히고 솔직하게 참회하고 고뇌하면서 적당한 재산만 남겨 두고 나머지를 모두 장학 사업이나 불우한 이웃을 돕는 등 사회에 환원한다면 지금부터라도 여생을 보람 있고 떳떳하게 살 수 있을 것이다. 어디 그런 사람이 나올 법도 한데 그런 뉴스는 잘 보이질 않는다.

"개 같이 벌어서 정승 같이 쓴다."는 옛말이 있다. 비록 과거에 잘못을 저질렀더라도 자기의 잘못을 솔직히 시인하고 마무리를 잘하는 사람은 그 후손들이나 친척에게도 또 다른 귀감이 되고, 오히려 사회의 존경을 받을 수도 있을 것이다.

잘못한 나리님들, 제발 낙향하여 그동안의 잘못을 사죄하는 맘으로 후진 양성이나 지역 발전을 위해 여생을 보내시는 것이 얼마나 보람된 일이겠습니까. 이러한 생각이 공상으로 끝나지 말고 현실로 나타나기를 기대해 본다.

공직생활 퇴직일에 자유석 마지막 열차를 타고

| 2009년 6월 30일

⊙ 경의선 열차 마지막 운행일

2009년 6월 30일은 40여 년간의 공직생활을 정리하는 날이다. 서울역에서 임진각으로 가는 마지막 열차가 나와 같은 심정이라는 느낌이 들어 경의선 열차를 타기로 했다.

9시에 만나기로 했던 친구와 서울역에 도착했는데 문산행 열차 타는 곳을 몰라 여행안내소에 갔더니 매표창구로 가서 물어보란다. 하는 수 없이 지나가는 미화원 아줌마에게 물어봤다. 아줌마는 지금 시간이 다 되가니 14번 출구에서 어서 표를 사란다. 그곳에서 표를 사려고 기다리는데 친절하게도 미화원 아줌마는 우리가 줄 서 있는 데까지 따라와서 이 열차로 출발 못하면 앞으로 한 시간을 더 기다려야 한다며 열차를 놓칠까 봐 안타까워했다. 여행안내소 직원보다 훨씬 친절하고 고마운 미화원 아줌마에게 감사를 드린다.

우리는 열차 출발 수십 초 전에 가까스로 열차에 몸을 실었다. 생전 처음 타 보는 자유석 열차였다. 열차는 신촌역까지 정말 천천히 움직였다. 이렇게 느리게 움직이는 열차는 오늘로 마감이 되고 내일 7월 1일부터 지하철로 빠르게 운행된다고 하니 아쉬운 마음이 들었다. 이렇게 느리게 가는 열차를 타면서 빠른 열차를 탔을 때와는 색다른 느낌이 드는 이유는 뭘까? 바쁜 일상 속에서 '느리게 걷기', 전남 완도 청산도의 슬로시티Slow City가 연상되었다. 망중한忙中閑이라 했던가, 이렇게 여유를 부리는 것도 가끔은 필요하지 않을까.

40년 공직생활에 담긴 애환과 모든 서운한 생각일랑 이 열차에 실어 모두 날려 보내고 남북분단의 현장을 둘러보면서 새로운 각오를 듬뿍 담아오는 여행을 하고 싶었다. 이런 결정은 훌륭한 선택이었던 것 같다.

⊙ 제3땅굴과 도라산 평화공원을 둘러보고

TV에서나 보았던 경의선 최북단 역인 도라산 역. 이곳이 남과 북을 연결하는 관문이라는 생각보다 낯설고 한적한 여행지에 온 느낌이 들었다. 그러나 평화로운 기분도 잠시, 북한의 남침용 땅굴인 제3땅굴을 둘러보고 유비무환有備無患의 필요성을 실감했다. 베를린 장벽이 사라진 후 세계에서 유일한 분단국의 모습을 보기 위해 미국 워싱턴과 중국에서 온 관광객도 있었다.

도라전망대를 둘러보고 오는 길에 관광버스 기사는 도라산 역의 유래에 대해서 설명해줬다. 사연은 이러하다. 신라 경순왕이 패망하면서 고려 태조에게 항복을 전하자 왕건은 경순왕에게 자신의 딸 낙랑공주를 아내로 맞이하게 했다. 그 후 경순왕은 왕건의 지속적인 도움에도 불구하고 지금의 도라산 중턱에 앉아 경주를 바라보며 사모의 눈물을 흘려 도라산都羅山이란 지명이 생겼다고 한다.

도라산 평화공원 연못을 보면서 이 연못을 우리나라 지도 모양인 'S'자로 만들어 물고기가 남북을 자유로이 오가듯이 우리도 편안하게 오가는 상상을 하도록 꾸며 주었으면 하는 생각도 들었다.

◉ 추억의 냄비우동을 먹고 나서

도라산 역을 출발해서 임진각 역에 내렸다. 다음 열차 시간을 이용해 우리 민족의 슬픔과 아픔을 간직한 이곳 임진각 평화누리공원을 정신없이 둘러보다 열차 시간을 놓치고 말았다. 너무 볼 것이 많아 다음 기회에 다시 와서 천천히 둘러봐야 되겠다고 생각했다.

신의주까지 달리다 끊어진 경의선 철교 교각과 한국전쟁 포로가 자유를 찾아 귀환한 자유의 다리는 오늘도 북녘을 향해 가는 길을 막아 놓고 있었다.

6·25전쟁 중 장단 역에서 폭격을 맞고 멈춰 섰던 증기기관차에는 총상 자국이 선명하고 구멍 뚫린 열차의 화통은 전쟁의 참혹을 느끼게 했다. '철마는 달리고 싶다'라는 마지막 열차의 바퀴가 내 키만큼이나 큰 것을 보고 새삼 과학문명의 발달을 실감했다.

그리고 임진강지구 전적비, 미국군 참전비 등 각종 전적비戰跡碑, 미얀마 아웅산 폭탄테러로 희생된 순국 외교사절 위령탑 등을 둘러보면서 분단국의 아픔도 되새겼다.

역 근처 편의점에서 '추억의 냄비우동'의 날계란은 어린 시절을 연상케 했다. 정말 맛있고 좋았다. 임진각역 옆 편의점에 파주 특산물과 함께 국산차도 팔았으면 더욱 좋겠다는 느낌도…….

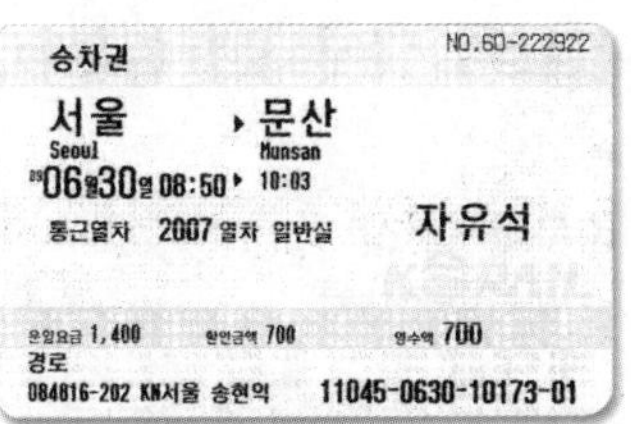

마지막 임진각행 열차가 떠나던 2009년 6월 30일에 끊은 표

걸어온 길

■ 생년월일 : 1949년 3월 9일

■ 학력

- 1961년 의령초등학교 졸업
- 1964년 의령중학교 졸업
- 1967년 진주고등학교 졸업
- 1986년 한국방송통신대학교 행정학과 졸업(학사)
- 1991년 서울시립대학교 도시행정대학원 도시계획학과졸업(석사)
- 2009년 한국방송통신대학교 관광학과 3년 재학

■ 주요경력

- 1969. 1. 1974. 2. 의령군 칠곡면 · 가례면, 의령군청
- 1974. 3. 1979.12. 마산시 양덕동, 부산시 주례동, 부산시립병원
- 1979.12. 1992. 4. 내무부 지방행정연수원, 새마을기획과 · 세정과 · 행정과 · 재정과, 정부합동민원실
- 1992. 5. 1998. 2. 정무1장관실 제1 · 3 · 4조정관실, 총무과
- 1998. 2. 1998. 5. 행정자치부
- 1998. 6. 2008. 2. 국무총리비서실 정무 · 총무 · 민정비서관실, 혁신기획관실
- 2008. 3. 2009. 6. 국무총리실 총무비서관실

■ 포상

- 1978. 12.30　내무부장관상(우수공무원)
- 1979. 9. 1　부산북구청장표창(소양고사)
- 1979. 11.05　부산직할시장표창(소양고사)
- 1984. 12.16　내무부장관표창(새마을지도자대회유공)
- 1985. 10.29　재무부장관표창(저축의날 유공)
- 1987. 12.15　국무총리표창(정책홍보유공)
- 1991. 12.14　공무원제안상(총무처장관)
- 1997. 12. 31　녹조근정훈장(우수공무원)
- 2002. 6.27　창안우수상(재정경제부장관)
- 2002. 12.27　공무원제안상-동상(대통령표창)
- 2007. 4.19　장관급표창(최우수상)
- 2008. 6.30　홍조근정훈장(정년퇴직)

■ 해외연수

- 1994. 6.　노동관련시민단체해외연수(독일,스웨덴, 미국)
- 1995. 3.　사회발전시민단체해외연수(네델란드, 스위스등)
- 1996. 4.　영국왕립행정연구소 RIPA과정(영국)
- 2001. 7.　세종연구소세계화연수과정(미국, 캐나다)
- 2004.10.　중앙인사위원회 일본인사원과정(일본)
- 2008.10.　KDI국제정책대학원경제정책과정
(싱가포르,말레이시아)

| 맺 음 말 |

40년의 공직 생활, 그 뒤에 남은 제안들

내가 제안에 대해 눈을 뜨게 된 것은 1975년도 내무부 행정과 근무 시절 〈국민편의 100대 시책〉이라는 핸드북을 발간하는 주무를 맡으면서였다. 편의시책 발굴에 동참하면서 공직자 한 사람의 조그마한 노력이 국민의 가려운 곳을 제대로 긁어주는 역할을 하는 것에 나 자신 자긍심이 발동했다. 지방행정과 중앙행정을 골고루 익히고, 특히 내무부에서 정부합동민원실에 파견 근무하던 시절 민원인의 고충을 직접 듣고 현지 확인하는 과정에서 국민의 불편사항을 몸소 겪은 경험도 한 몫했을 것이다.

또한 문민정부 출범 당시인 정무1장관실에서 행정쇄신업무 실무자로 근무하면서 행정쇄신위원회에 국민 불편사항 해소 과제를 발굴 제출하며 국민 편의시책 발굴에 남다른 관심을 가지게 되었다. 국무총리비서실 민정비서관실 행정관으로 민원업무를 접한 것도 빼 놓을 수 없다.

그동안 소박한 공직자로 사는 모습을 묵묵히 지켜봐 준 아내와, 아들 진욱, 딸 영인, 나를 아껴 주신 누님께 미안함과 고마움을 표하고 싶다. 특히 어려운 일을 내일처럼 처리해준 죽마고우 윤종덕과 친구들께 고맙게 생각한다. 공직생활에서 많은 가르침과 배려를 해주신 선후배님들께도 감사를 드린다. 내가 즐겨 참여했던 총달모(총리실 달리기 모임), 총산회(총리실 산악회), 국무총리실 축구동호회 회원들의 건승을 빈다. 나의 첫 직장 상사이셨던 칠곡면사무소 허윤도 전 면장님은 나의 공직생활의 귀감이 되었다. 그리고 부산시 북구 주례동사무소에서 함께 생활한 '총각4인방' 예병운, 임정환, 남정찬 세 아우들도 잊을 수 없는 사람들이다. 그들과 함께한 '배우는 공직자 자세'가 오늘의 정년퇴직을 맞게 한 뿌리였다.

공직생활 동안 해왔던 이런저런 제안과 관련된 자료들을 그냥 버리기가 아까워 이를 자료로 묶어 보관하려 했다. 그러던 중 제안제도에 늘 관심이 많으신 권찬호, 김윤일 님으로부터 그냥 묶어 두지 말고 책으로 만들어 보라는 권유를 들었고 그것도 보람이 될 것이라는 생각에 이를 책으로 발간하는 용기를 냈다.

잡동사니 같은 제안이지만 이로 말미암아 앞으로 더 좋은 제안이 나오고 받아들여져서 국민의 생활이 더욱 윤택해지기를 바란다. 그러기 위해서는 공직에서 성실히 일하고 있는 수많은 훌륭한 상록수들의 적극적인 역할을 주문하고 싶다.

내가 조금 더 노력하면 사회와 국가가 필요로 하는 사람이 될 수 있다는 생각은 예나 지금이나 변함이 없다. 앞으로도 국민의 한 사람으로서 여러 가지 사회현상에 대해 관심을 갖고 고민하며 살아갈 것을 스스로 다짐해 본다.

2008년 7월 정년 퇴직을 하면서

김 만 권

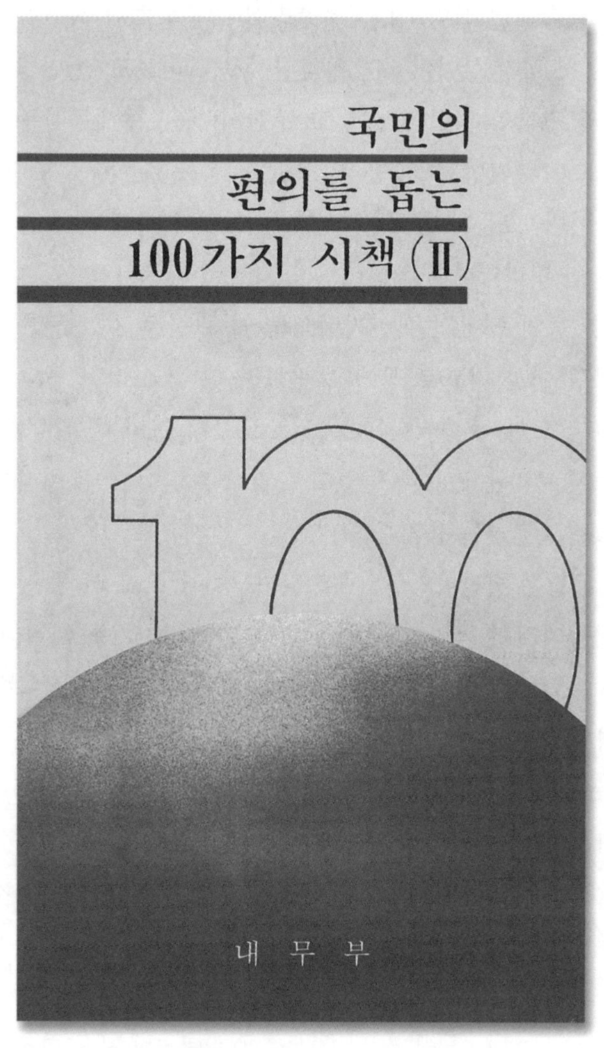

〈국민의 편의를 돕는 100가지 시책〉

큰 바다에 물 한 방울

초판발행 | 2009년 7월 17일

지 은 이 | 김만권
발 행 처 | 씨마스
등록번호 | 제2-3886호

주 소 | 서울특별시 중구 저동 2가 47-3
전 화 | 02)2274-1590
팩 스 | 02)2278-6702
홈페이지 | www.cmass21.co.kr

ISBN 978-89-91812-41-3

값 7,000원